CORRESPONDANCE

PIERRE BOULEZ-ANDRÉ SCHAEFFNER

PIERRE BOULEZ
ANDRÉ SCHAEFFNER

Correspondance

1954-1970

présentée et annotée par
Rosângela Pereira de Tugny

FAYARD

Note de l'éditeur

Les lettres qu'ont échangées Pierre Boulez et André Schaeffner abordent bien des questions d'histoire et d'esthétique musicale dont les deux auteurs ont débattu dans leurs articles respectifs. Il nous a donc semblé utile de faire figurer dans ce volume quatre de leurs textes, qui amorcent ou prolongent leur échange épistolaire et, à ce titre, en forment l'indispensable complément.

À l'exception des modifications minimes rendues nécessaires par le passage d'un échange manuscrit à un livre imprimé, la graphie des auteurs a été conservée.

Avant-propos

C'est étrange de retrouver, à travers une ancienne correspondance, une figure de son propre passé aussi vivante, aussi importante dans l'échange des idées et la définition des œuvres auxquelles on a été confronté.

Certes, je me rappelais, d'une façon tout à fait concrète, la personne et la personnalité d'André Schaeffner, son enthousiasme et sa connaissance des civilisations et des musiques africaines, son incroyable érudition sur les instruments de toutes époques, sa méticulosité à propos des sujets qu'il explorait. Tout cela m'a sauté au visage de façon surprenante, avec la fraîcheur de la nouveauté retrouvée. Mais je ne me souvenais pas combien certains de ces échanges m'avaient marqué et m'avaient aidé à trouver ma propre relation aux œuvres dont nous parlions. L'érudition était à coup sûr impressionnante, mais au moins autant, sinon plus, la perspicacité du point de vue, l'acuité du regard, l'individualité du rapport à l'objet observé et étudié.

Ce que j'ai peut-être le plus apprécié dans l'instant, c'est l'ouverture bienvenue sur des univers non européens, tant comme témoins d'une civilisation, d'une fonction, que de la pensée rythmique, formelle ou sonore. Cela, je le considère encore comme une bénédiction, d'avoir été « délivré » d'une certaine suprématie occidentale – ou considérée comme telle... Cela ne faisait toutefois que renforcer le lien avec les compositeurs de la modernité et obligeait à comprendre la nécessité de leur existence musicale par rapport à des traditions parfois très éloignées, mais tout aussi fortes.

Avec la distance, André Schaeffner m'apparaît bien comme un homme d'exception à la fois au sommet de la compétence dans sa « spécialité », mais délivré de la prison que, précisément, peut devenir une « spéciali-sation ». De ces échanges entre expérience et sponta-néité, j'ai retrouvé, à relire cette correspondance, la nécessité qui nous a amenés l'un vers l'autre, toute différence de génération abolie.

Pierre BOULEZ

André Schaeffner

(1895-1980)

Précurseur, tel serait, s'il fallait le définir d'un mot, le qualificatif qui conviendrait le mieux. Né en 1895, André Schaeffner appartient à cette génération fauchée par la guerre de 1914-1918, et dont les survivants restèrent marqués, témoins d'une époque révolue. Élève de la Schola cantorum et de l'École du Louvre, puis familier de Wanda Landowska, son premier travail sur le clavecin [1] est bien accueilli par ses aînés, mais son livre sur le jazz [2], paru presque en même temps (1926), où il insiste sur les racines afro-américaines du genre musical, suscite la méfiance en une époque particulièrement sourde à ce qu'on appelait alors « la barbarie licite des nègres ». Peu importe, la démarche d'André Schaeffner est alors fixée, elle ne variera pas. Musicien, mais soucieux des hommes autant que des instruments, élève de Romain Rolland

1. « Le clavecin », in *Encyclopédie de la musique et Dictionnaire du Conservatoire*, Paris, Delagrave, 1927, 2e partie, t. III, p. 2036-2060.
2. *Le Jazz* (en collaboration avec André Cœuroy), Paris, Cl. Aveline, 1926. La première partie, p. 9 à 111, par A. Schaeffner, a été rééditée en 1988 (Paris, Jean-Michel Place).

mais aussi de Marcel Mauss, il sera, démarche aujour-
d'hui courante, le premier, en 1931, à se rendre en
Afrique pour y observer musique et musiciens dans
leur vie quotidienne. Il fondera à son retour le département d'ethnologie musicale du musée d'Ethnographie du Trocadéro, où il réunit tous les instruments
de musique jusqu'alors dispersés selon leur prove-
nance, ainsi que les enregistrements effectués sur
le terrain. Il dirigera jusqu'à sa retraite, en 1965,
le département, berceau de l'école française d'ethnomusicologie. Paru en 1937, réédité encore récemment (1994), son maître-livre sur l'origine des
instruments de musique [3] est universellement reconnu
comme l'un des grands classiques de la discipline.
    Son intérêt pour la musique moderne n'est pas
moindre. Ami de Stravinsky, d'Auric, de Poulenc,
de Boulez, il est successivement secrétaire musical de
l'Orchestre symphonique de Paris (1925-1929) puis
fondateur durant l'Occupation des Concerts de la
Pléiade ; il publie de nombreux articles auxquels
s'ajoute, en 1957, un gros livre d'introduction et
notes, première partie d'un ouvrage en deux tomes
consacré aux lettres de Nietzsche à Peter Gast [4]. Dans
cet ouvrage, monument d'érudition, Schaeffner traite
d'une question pour lui capitale, celle de l'origine
non plus des instruments de musique, mais du

---

3. *Origine des instruments de musique, introduction ethnologique à l'his-*
toire de la musique instrumentale, Paris, Payot, 1936, rééd. Paris, Mouton, 1968, 1980 et EHESS, 1994.
    4. Introduction et notes à Friedrich Nietzsche, *Lettres à Peter Gast*,
Monaco, Éditions du Rocher, 1957, rééd. Paris, Christian Bourgois,
1981.

théâtre. On sait que pour Nietzsche, la tragédie était née de la musique.

Si on lui avait demandé de nommer ses deux musiciens favoris, il aurait sûrement répondu Debussy et Stravinsky. Il n'écrivit jamais un livre sur Debussy, mais il aurait aimé voir réunies ses études (articles, préfaces, avant-propos, notices de concerts) qui en traitent directement ou indirectement et font apparaître des aspects de l'auteur de *La Mer* qu'on ne trouverait nulle part ailleurs. Son vœu est aujourd'hui exaucé [5], près de vingt ans après sa mort.

Musicien par formation, esthéticien par ses goûts, ethnologue par option professionnelle, il a choisi un chemin que personne n'avait parcouru avant lui et l'a poursuivi seul, accordé à un rythme qui était celui de sa personnalité polyvalente.

Denise PAULME-SCHAEFFNER

5. L'ensemble de ces textes figure dans *Variations sur la musique*, Paris, Fayard, 1998.

Introduction

L'échange de correspondance entre Pierre Boulez et André Schaeffner se situe à une époque où les nouvelles possibilités d'enregistrement sonore permirent l'importation d'un large univers musical d'une société à l'autre. L'histoire aura voulu que cette période coïncide avec celle où la recherche de nouvelles références s'imposa à toute une génération de musiciens de tradition européenne sortant des longues années de néoclassicisme et se confrontant aux transformations radicales de la pensée musicale dont l'expression majeure est communément nommée sérialisme.

André Schaeffner (1895-1980) est probablement l'un des premiers à rapporter en Europe des témoignages sonores recueillis dans les sociétés lointaines. Dès 1928 il travaille au musée du Trocadéro (devenu plus tard le musée de l'Homme), où il fonde le département d'ethnomusicologie pour lequel il a collecté et rassemblé des instruments de musique ; en 1931 il part pour la première fois en Afrique, au cours de la mission Dakar-Djibouti où il recueille nombre d'enregistrements. Enfin, il laisse à sa mort une œuvre critique de premier ordre dont l'étendue des sujets traités avec méticulosité et pertinence demeure sans descendance.

À peine âgé de vingt-cinq ans, Pierre Boulez (né en 1925) devait irrésistiblement se sentir attiré par André Schaeffner, de trente ans son aîné, qui aura tout d'abord joué pour lui le rôle d'un «passeur» de la génération précédente à la sienne (André Schaeffner a bien connu Stravinsky auquel il a consacré l'un de ses premiers ouvrages, et s'est très tôt passionné pour Debussy, ayant suivi de près sa production tardive et laissé sur lui un grand nombre d'écrits). Leur première rencontre se fait par le biais de la revue *Contrepoints*, dans laquelle Boulez publie en 1949 un article intitulé «Trajectoires», motivé entre autres par l'irritation que lui inspirait le zèle didactique avec lequel René Leibowitz se faisait le promoteur de la musique de Schoenberg. Dans le numéro suivant de cette même revue, André Schaeffner prend soin de rectifier certaines incorrections historiques du jeune Boulez et en fait l'occasion de publier une des plus remarquables études sur le *Pierrot lunaire* et ses antécédents esthétiques intitulée «Variations Schoenberg». Malgré certaines divergences de surface, les études de Schaeffner et de Boulez partagent la nécessité de tirer les conséquences de la contribution de l'école de Vienne à la musique de la première moitié du siècle, de saisir l'essence de la modernité de Debussy, et d'envisager avec clairvoyance les perspectives de l'avenir musical européen.

Par la suite (nous ne savons si c'est par l'intermédiaire de leur ami commun Pierre Souvtchinsky

– proche fidèle de Stravinsky, mêlé aux milieux littéraire et musical des années quarante et cinquante) André Schaeffner et Pierre Boulez ont entretenu des liens de collaboration qui ne cesseront d'enrichir le cheminement du compositeur. Celui-ci ira rendre des visites répétées au département que dirige André Schaeffner, alors nommé département d'ethnologie musicale. Il devra en grande partie à ces visites l'originalité et la richesse de l'instrumentation de ses œuvres, notamment en ce qui concerne les percussions. Il y découvre et expérimente des instruments parmi lesquels se trouvent ceux dont il se servira dans son *Marteau sans maître*. C'est là qu'il « empruntera » plus ou moins clandestinement le gong et les tamtams qui serviront à ses premières présentations françaises (avant qu'il fasse l'acquisition d'instruments alors peu habituels dans la musique européenne pour servir aux concerts du Domaine musical, qu'il crée en 1954). À plusieurs reprises Pierre Boulez viendra écouter les enregistrements conservés au Département, et Schaeffner l'initiera à la connaissance des musiques originaires d'Afrique, même si la curiosité du jeune Boulez dans ce domaine s'est déjà manifestée avant sa rencontre avec André Schaeffner. (Il faut nous souvenir qu'auparavant, influencé par l'enseignement d'Olivier Messiaen, Boulez fréquentait déjà le musée Guimet, où il a pu se former à la connaissance des musiques originaires d'Extrême-Orient, à tel point qu'il avait même envisagé de partir au Cambodge dans le cadre d'une mission organisée par ce musée.) Enfin, par ces visites Pierre Boulez a pu s'imprégner du climat culturel de l'entre-deux-guerres,

dont André Schaeffner est inséparable par sa contri-
bution à l'ethnologie : élève de Marcel Mauss et de
Romain Rolland, il a travaillé notamment aux côtés de
Michel Leiris, Marcel Griaule, Paul Rivet, Georges-
Henri Rivière, Claude Lévi-Strauss et de Denise
Paulme, devenue son épouse.

Au fil de leurs échanges nous voyons évoluer le sens
dramatique de Pierre Boulez, nourri par les réflexions
dont les notices rédigées par André Schaeffner pour
les pochettes des disques et programmes de concert
du Domaine musical auront été le prétexte. Ces dis-
cussions vont marquer profondément l'approche de
partitions telles que *Renard, Pierrot lunaire, Le Sacre du
printemps, Pelléas et Mélisande,* que Boulez abordait
alors pour la première fois et dont l'interprétation
demeure exemplaire. C'est cautionné par l'autorité
et l'érudition de son aîné qu'il a pu porter sur ces
partitions un regard neuf et débarrassé des scories
accumulées par des traditions douteuses, à l'image du
propos que Debussy prête à M. Croche et qu'aucun
des deux n'a manqué de remarquer : « J'essaie d'oublier la musique, parce qu'elle me gêne pour
entendre celle que je ne connais pas ou connaîtrai
demain. » Disons même que d'un point de vue historique, la création du Domaine musical par Pierre Boulez en 1954, et dont nous suivons de près l'évolution
dans cette correspondance, est en partie le prolonge-
ment de ce que furent les Concerts de la Pléiade,
qu'André Schaeffner a organisés entre 1943 et 1947 et
dont la programmation témoigne en faveur de l'originalité de ses choix. C'est dans ce cadre que furent
créées les *Trois Petites Liturgies de la présence divine*

d'Olivier Messiaen qui, par certains aspects de leur instrumentation, n'auront pas laissé indifférent Pierre Boulez. Après la guerre, le Domaine musical réagit contre la méfiance des musiciens français pour donner les œuvres de l'école de Vienne encore peu connues en France, ainsi que celles des compositeurs de la nouvelle génération liés de près ou de loin aux cours d'été du festival de Darmstadt, où se rencontraient les musiciens en quête de transformations profondes de la pensée musicale. Même si André Schaeffner n'a pas disposé des moyens matériels de programmer des œuvres de l'école de Vienne pendant les années d'Occupation, il n'a pas manqué de rendre compte de leurs créations en France dès l'année 1914. C'est dans l'exclusivité du goût de Pierre Boulez, écartant d'emblée les musiciens du groupe des Six ou les néoclassiques de l'entre-deux-guerres de la programmation du Domaine, que l'on pourrait discerner quelques désaccords entre ces deux promoteurs de la vie musicale, fondés sans doute sur leur écart de génération.

En 1947, dans une des notices de programme pour les Concerts de la Pléiade, André Schaeffner entrevoit ce que la musique occidentale devra à celles des sociétés extra-européennes : « Nous ne saurions évidemment prévoir jusqu'où ira l'orientalisation de notre musique. [...] Bali sera-t-elle après Java, l'Inde et l'Asie centrale, l'étape dernière d'un voyage qui pourrait être sans retour ? » Peu d'années après, cette tendance se verra confirmée : les facilités apportées par l'industrie du disque ayant favorisé l'accès à la musique extra-européenne, un nombre important de compositeurs allaient être tentés d'y chercher un moyen pour répondre à la crise stylistique consécutive aux expériences de formalisation sérielle. Le sérialisme a joué un double rôle à ce titre : il a été pour certains compositeurs un support de création musicale enrichissant, offrant la possibilité de composer des structures sonores et acoustiques qui pouvaient intégrer et rendre expressif un matériel très diversifié et dans ce sens, il suscitait l'investigation de nouvelles sources ; pour d'autres, cette expérience représentait un enjeu plus idéologique que musical servant à dédouaner leur attitude de détachement à l'égard de l'héritage culturel occidental, laissant place à l'exploitation d'un univers sonore étranger. Bien que ce fût là certainement la première occasion dans l'histoire de la musique européenne de percevoir ces sonorités inhabituelles dans des conditions qui ne relèvent plus du seul exotisme décoratif, les moyens pour s'en affranchir ne se trouvaient pas acquis d'avance. La question essentielle était de savoir comment la codification de la musique occidentale pouvait tolérer des objets structurés selon d'autres repères sans mettre en cause son homogénéité, sans pratiquer une simple citation. Si les exploits des compositeurs engagés dans l'expérience de la série généralisée leur avaient permis d'opérer une transformation profonde de la pensée musicale, celle-ci ne s'était pas entièrement détachée de ses traditions et du système de codification dont elle est issue au point que les éléments musicaux (matériels ou conceptuels) importés d'autres civilisations puissent simplement s'y inscrire, dépouillés de leur sens originel. Enfin le ressourcement auprès de musiques exotiques, attachées à leurs origines rituelles, impliquait une dimension qui échappait à bon nombre de compositeurs.

C'est à un stade bien précis de l'évolution de sa technique de composition que Pierre Boulez entreprend l'utilisation des percussions qui font leur première apparition dans la partition du *Marteau sans maître,* ainsi que dans les remaniements de l'instrumentation du *Visage nuptial* et du *Soleil des eaux*: il aura pris le temps de développer les possibilités de la technique sérielle jusqu'à créer des structures qui répondent elles-mêmes des sonorités qu'elles emploient, arrivant à disposer d'un éventail de plus en plus ouvert, et à tel point que les notions de bruit et sons complexes sont devenues chargées d'ambiguïté. Il est par ailleurs significatif qu'il n'aura jamais livré une seule de ses tentatives de composition pour percussions seules. Si l'on trouve l'utilisation d'instruments africains, latino-américains ou asiatiques dans presque toutes ses œuvres qui succèdent à la composition du *Marteau sans maître,* si l'on découvre l'évocation du marmonnement d'un vieillard africain initiant ses cadets et du violon chinois dans *Figures Doubles Prismes,* ou de la macumba et de son jeu de la terreur dans une esquisse de l'*Orestie,* cette dimension de son œuvre demeure assez secrète, ayant fait l'objet de peu de commentaires directs, ces sources étant traitées avec assez de délicatesse pour qu'elles demeurent à la fois présentes et contrôlées. Il n'en demeure pas moins que toutes ses œuvres adoptent ce ton de gravité imprégné de l'observation des cérémonies qui l'ont tant intéressé – et qu'André Schaeffner lui a fait découvrir – laissant transparaître une des ambiguïtés du compositeur : au-delà de la ferme volonté de n'admettre l'utilisation des instruments exotiques qu'en leur assurant une parfaite intégration acoustique et structurelle, il ne cesse de s'intéresser aux aspects les plus profonds de leurs cultures originelles, où la musique est directement attachée aux rites. L'inquiétude profonde au sujet des significations rituelles qu'implique toute forme de manifestation musicale – y compris occidentale – est visiblement le moteur de toute la vie d'André Schaeffner, et, cette correspondance nous le fait découvrir, la jeunesse de Boulez ne l'a pas empêché de la partager. Schaeffner aura contribué à cette lecture transversale des différents mondes où la musique existe, telle cette pièce du *Pierrot lunaire*, qu'il n'hésite pas à associer aux scènes de terreur dont il a été témoin en Afrique. C'est ainsi qu'au-delà de l'utilisation des gongs et tam-tams venus des sociétés lointaines, la partition du *Marteau sans maître* fermente en grande partie sous l'effet des réflexions d'André Schaeffner sur le *Pierrot lunaire* que nous évoquions plus haut, nous faisant découvrir l'œuvre au travers d'une perspective qui la relie en profondeur à des implications insoupçonnées jusqu'ici.

*

*   *

L'ensemble de la correspondance d'André Schaeffner est conservé dans le Fonds André Schaeffner de la Bibliothèque musicale Gustav Mahler, à Paris, et celle de Pierre Boulez se trouve dans la Collection Pierre

Boulez de la Fondation Paul Sacher, à Bâle. Nos sincères remerciements à la Fondation Paul Sacher et à la Bibliothèque musicale Gustav Mahler pour avoir mis cette documentation à notre disposition et pour nous en avoir autorisé la publication.

Madame Blavette, de la Bibliothèque Gustav Mahler, a été d'un secours inlassable; le département d'ethnomusicologie du musée de l'Homme nous a fourni d'importants documents et renseignements; Monsieur Gilbert Rouget a eu la gentillesse d'éclairer un grand nombre de questions concernant les archives sonores du musée de l'Homme; Madame Paulme-Schaeffner et Monsieur Pierre Boulez qui ont accepté cette publication, ont été toujours prompts à nous recevoir et à nous transmettre des précieux renseignements; Monsieur Robert Piencikowski, à qui nous devons nos premières lectures des écrits d'André Schaeffner, nous a conseillée, renseignée et soutenue sur tous les sujets touchés dans cette correspondance: qu'ils veuillent bien accepter nos chaleureux remerciements.

Afin de situer cette correspondance dans son contexte, nous avons cru qu'il n'était pas superflu de disposer d'un appareil critique assez abondant. Nous prions le lecteur, selon l'angle sous lequel il abordera sa lecture, de considérer les notes comme complémentaires.

1.

manuscrite ; carte de correspondance

[*1954*] [1]

Cher ami,

Les concerts du petit théâtre [2] prennent forme.
À l'occasion du premier concert, une plaquette
de 31 pages prendra place dans les Cahiers de la
Cie MR-JLB [3]. Il y aura un article de P. Souvtchinsky [4],
un article de Stockhausen [5] ; un article de Barrault [6] ;
un de moi-même [7].

J'aimerais que vous figuriez à notre premier sommaire, si dans un article de cinq pages environ, vous
pouviez présenter *Renard*, et discuter un peu de tous les
problèmes musicaux, théâtraux, etc., que Stravinsky [8]
voulait résoudre dans cette œuvre. Et évidemment
replacer *Renard* dans le contexte propre à Stravinsky, et
dans le contexte de l'époque où il fut écrit.

Seriez-vous assez obligeant pour faire cela *rapidement*. Le dernier délai de livraison des articles étant le

30 novembre, le mieux étant autour du 26-27 nov.
Comme la maison Julliard édite ce cahier, il y a même
une indemnité prévue – indemnité amicale, plutôt que
réels honoraires – qui est environ de 800 F la page.
Pourriez-vous me répondre d'urgence pour que je
puisse compter déjà sur votre collaboration, ce que je
souhaite vivement.
J'espère que vous allez bien et que votre activité est
toujours aussi fascinante. Je vous ferai signe un jour
pour venir entendre des disques. En ce moment,
hélas, je n'ai pas le loisir requis.
Croyez en mes sentiments très dévoués.
Présentez mes amitiés à Rouget [9].

P. B.

P. Boulez. 4 Rue Beautreillis – (4e)

1. Une grande partie des lettres de Pierre Boulez n'est
pas datée. Nous mettons entre crochets les datations ajou-
tées postérieurement de la main d'André Schaeffner. Il
nous semble que cette lettre serait plutôt écrite en 1953
puisque le premier concert dont il sera question aura lieu
le 13 janvier 1954.
2. Le Petit Théâtre Marigny, dirigé par Simone Volterra.
Le premier concert organisé par Pierre Boulez et dirigé par
Hermann Scherchen a lieu le 13 janvier 1954, avec au programme : I. *L'Offrande musicale* de J.-S. Bach. II. *Polifonica,
Monodia, Ritmica* de Luigi Nono (en première audition).
III. *Kontrapunkte* de Karlheinz Stockhausen (en première
audition). IV. *Concerto pour 9 instruments* d'Anton Webern ;
V. *Renard* d'Igor Stravinsky.
3. *Cahiers de la Compagnie Madeleine Renaud et Jean-Louis
Barrault.* Ce premier volume consacré à la musique est « La

musique et ses problèmes contemporains » Paris, Julliard, 1954.

4. Pierre Souvtchinsky, homme de lettres et critique russe (1892-1985). Il participe activement à la création des concerts du Petit Marigny et du Domaine musical. L'article s'intitule « À propos d'un retard ».

5. Karlheinz Stockhausen (né en 1928) y publie l'article « Une expérience électronique ».

6. Jean-Louis Barrault, comédien, metteur en scène (1910-1989), directeur, aux côtés de Madeleine Renaud, de la Compagnie de théâtre où Pierre Boulez aura travaillé de 1946 à 1956. Il fait la présentation de Pierre Boulez et du numéro spécial des *Cahiers*, consacré à la musique.

7. Intitulé « … Auprès et au loin », repris *in Relevés d'apprenti*, Paris, Éditions du Seuil, 1966, rééd. *in Points de repère I. Imaginer*, Paris, Christian Bourgois Éditeur, 1995.

8. La composition de *Renard* par Igor Stravinsky (1882-1971) date de 1916-1917. André Schaeffner publiera dans ce numéro des *Cahiers* l'article intitulé « *Renard* et l'"époque russe" de Strawinsky » p. 110-114, article reproduit dans le présent ouvrage. André Schaeffner a consacré une monographie au compositeur : *Strawinsky*, Paris, Rieder, 1931.

9. Gilbert Rouget, ethnomusicologue né en 1916, a succédé à André Schaeffner à la direction du département d'ethnomusicologie du musée de l'Homme. Directeur honoraire de recherches au CNRS, il a écrit notamment : *La Musique et la transe*, Paris, Gallimard, 1980 (rééd. 1990) et *Un roi africain et sa cour. Chants et danses du palais à Porto Novo sous le règne de Gbéla (1948-1976)*, Paris, CNRS, 1996. Pierre Boulez publie dans le premier numéro de la *Revue du Domaine musical* un texte de lui intitulé « Notes d'ethnographie musicale », p. 102-106.

2.

PIERRE BOULEZ À ANDRÉ SCHAEFFNER

manuscrite ; carte de correspondance

[*1954*] [1]

Cher ami,

Merci d'avoir accepté si gentiment, même dans un délai aussi court, de faire la présentation de *Renard*. Notre sommaire s'enrichit peu à peu et me crée pas mal de travail, ainsi du reste que le recrutement des interprètes.

On m'a indiqué un cymbalum [2] et un musicien qui en joue, très bien paraît-il, mais connaît-il de [*sic*] musique ? Je pense le recruter dès le début de la semaine prochaine.

Sans cela, il faut en faire venir un de Munich ou de Londres. Ah ! les instruments « exceptionnels » !

Je vous renouvelle mes remerciements et vous prie de croire à mon dévouement et à mon amitié.

P. B.

1. Cf. lettre n° 1, note 1.
2. Ce cymbalum était recherché pour l'interprétation de *Renard*. Il sera joué par Gilbert Webster lors du premier concert du Domaine musical du 13 janvier 1954. Jean-Louis Barrault a assuré la chorégraphie et la mise en scène du spectacle.

3.
PIERRE BOULEZ À ANDRÉ SCHAEFFNER

manuscrite [1958 ?]

Cher Monsieur,

Je dois redonner à Paris pour la première fois depuis deux ans, *Le Marteau sans maître*[1] dans le nouveau bâtiment de l'Unesco, le 28 octobre[2].

Je voulais vous demander s'il était encore possible d'emprunter chez vous, comme en 1956, les magnifiques gongs et tam-tams qui sont si utiles à la bonne fin de ce *Marteau,* qui – sans cela – risque d'être fort bancal[3]. Pourrions-nous encore passer en catimini par les caves et vous emprunter cela l'espace de cinq-six jours ?

J'espère vivement une réponse favorable de votre part et vous prie de croire à mes sentiments les meilleurs.

P. Boulez

Pour le moment : P. Boulez – Hôtel Tannenhof. Baden-Baden

---

1. Donné en création française au Petit Théâtre Marigny en mars 1956, sous la direction de Pierre Boulez lui-même. Création à Baden-Baden le 18 juin 1955 sous la direction de Hans Rosbaud.

2. Ce concert (28 octobre 1958) était organisé sur invitation. Au programme : Musique d'Inde par Ravi Shankar et Chatur Lal, *Improvisation sur Mallarmé (I et II)* et *Le Marteau sans maître* de Boulez, dirigés par le compositeur.

3. Dans la neuvième pièce du *Marteau sans maître* « Bel édifice et les pressentiments » (double), Pierre Boulez emploie un tam-tam aigu, un gong grave et un tam-tam très profond. Ce gong et ces tam-tams appartenaient au département d'ethnomusicologie du musée de l'Homme.

4.

PIERRE BOULEZ À ANDRÉ SCHAEFFNER

dactylographiée. [*timbre de la poste 21 novembre 1961*]

entièrement rédigée en caractères minuscules

Pierre Boulez
Baden-Baden
Kapuzinerstrasse 9

Mon cher ami (puisque vous m'y invitez, je change de « titre »...),

Je vous remercie beaucoup de votre réponse si rapide et pleine de renseignements [1], qui vont me permettre de retrouver le texte original de Giraud [2]. Je viens d'écrire à François Lesure [3] pour qu'il copie les poèmes qui ont servi à Schoenberg.

Je viens, par ailleurs, de relire l'article de « Contrepoints » consacré aux variations Schoenberg [4]; et j'aimerais beaucoup le reproduire dans le programme du prochain concert du « Domaine [5] ».

Mais je ne voudrais pas moi-même procéder à la concentration nécessaire sur le *Pierrot lunaire,* c'est-à-dire à choisir, dans votre étude, les passages qui se rapportent plus expressément aux poèmes de Giraud, à l'influence de Laforgue [6], aux choix de Schoenberg, à la création en Allemagne, à la première audition en France et aux réactions qu'elle entraîna. C'est vous dire que la plus grande partie de l'étude serait conservée, sauf ce qui a trait plus particulièrement à Debussy, Strawinsky, et Ravel, que l'on pourrait brièvement indiquer.

Seriez-vous d'accord pour revoir votre texte en fonction d'un programme ? car je serais très désireux d'avoir dans le programme une mise au point historique très détaillée, et vraiment documentée, sur cette œuvre. Ne vous préoccupez pas de la longueur du texte, « on y mettra ce qu'il faudra [7] » !

J'espère que vous n'êtes pas trop surchargé de travail, et que vous pourrez consacrer une de vos soirées à ce travail ; vous me feriez un immense plaisir, et vous rendriez un service inappréciable aux auditeurs du « Domaine ».

Si vous voulez faire une extension à la *Sérénade* [8] et à la *Suite* [9], elle serait la bienvenue, mais si vous n'avez pas le temps, ou si vous n'avez pas le courage, Amy [10] rédigera le reste du programme.

En relisant votre article sur le *Pierrot* [11], je suis tout à fait d'accord avec vous sur le fait qu'on a beaucoup trop dramatisé, « freudisé » (ou « freundisé [12] ») cette œuvre ; elle est, à mes yeux, une œuvre de « cabaret supérieur », et elle a été certainement inspirée à Schoenberg par son travail au cabaret de Wolzogen [13] à Berlin (exactement le Überbrettltheater [14]). Une chose m'a particulièrement frappé dans un concert donné à Hambourg [15] des œuvres posthumes de Schoenberg, on avait exhumé une de ces chansons de cabaret qu'il avait composée et orchestrée (trompette, piano et percussion [16]!) ; il ne fait aucun doute que là réside la toute première origine du *Pierrot.*

La façon dont fut donnée la première audition, la personnalité de la dédicataire (Albertine Zehme [17] était ce qu'on appelle en Allemagne une « diseuse »), tout concorde pour justifier ce point de vue.

Ainsi exécuterons-nous le *Pierrot* à la façon d'un « cabaret intellectuel » ; les musiciens seront placés en arrière ; et ce qu'on avait obtenu avec des paravents, nous le ferons avec la lumière. La « diseuse » sera violemment éclairée par un projecteur mobile, qui la suivra dans ses déplacements ; les musiciens seront éclairés normalement, ce qui jouera pratiquement le rôle du paravent en les rejetant dans l'ombre. De plus, ce *Pierrot* sera *joué* par cœur. Et si j'ai renoncé au costume original (d'après Scherchen [18], Albertine Zehme portait un costume blanc de Pierrot...), je veux retrouver cette atmosphère cabaret fin de siècle, avec clin d'œil au public... Car la prétendue terreur des pièces macabres n'est, à mon sens, qu'une terreur jouée.

Il y a enfin une chose dont j'aimerais avoir le cœur net : est-ce que la première en France a provoqué du tumulte ou non ? Dans votre étude, vous dites que non ; n'ayant pas assisté à cette première – et pour cause – je m'étais fié au récit du bon Paul Landormy [19] qui écrit, dans sa *Musique française après Debussy* [20] (p. 61-62) : « Je me rappelle, comme si j'y étais encore, cette séance mémorable où son *Pierrot lunaire* fut donné pour la première fois devant un public français... quel public désolant ! Presque tous ces gens assemblés salle Gaveau n'étaient venus que dans l'intention arrêtée, soit d'applaudir à tout rompre, soit de protester bruyamment... Qu'est-ce que cela pouvait me faire que Schoenberg eût beaucoup de talent (et même du génie), ou qu'il n'en eût aucun ? Nous étions bien trois dans la salle à suivre l'audition dans cette disposition d'esprit. Aussi ce fut un joli bruit... on peut regretter aussi que les organisateurs du concert n'eussent pas demandé au public de s'abstenir de toute manifestation entre les morceaux d'une même série. Les applaudissements et les sifflets qui coupaient à chaque instant l'exécution de si courtes pièces rompaient irréparablement le charme de la musique. Impossible après cela de se ressaisir pour écouter dans la disposition convenable. Cette exécution si morcelée etc. » Vous voyez que le récit était fort circonstancié ! et qu'on peut s'y laisser prendre. Ou bien y a-t-il eu deux auditions, dont chacune a cru être la première ? Je laisse à votre perspicacité le soin d'éclairer ce point de l'histoire parisienne du *Pierrot* !

Si vous avez la grande gentillesse de revoir votre étude en fonction de notre programme, je n'aurai plus ainsi qu'à ajouter quelques lignes purement techniques au sujet du *Sprechgesang,* si contestable tel qu'il fut alors pensé et réalisé par Schoenberg ; son propre enregistrement [21] n'est, sur ce sujet, d'aucun secours. Car, si ce disque est resté un modèle du point de vue instrumental, cette pauvre Erika Wagner [22] miaule comme une chatte affreusement en chaleur, et, de toute façon, ne fait pas les notes écrites, et ne fait pas davantage ce qui est indiqué par la préface (attaquer le son, puis porter la voix, en montant ou en descendant, jusqu'au son suivant). Aussi bien la voix parlée et la voix chantée n'ont pas le même registre, la même durée d'émission, et pas davantage la même dynamique ! Il reste que les deux possibilités vocales n'ont qu'une zone commune très restreinte, et encore non homogène ! D'où la totale impossibilité de réalisation de ce qui est écrit.

J'ai eu exactement les mêmes difficultés avec les chœurs de la *Glückliche Hand* [23]. Votre étude et ma note feront certainement frémir d'indignation les vieux staliniens du schoenbergisme !!! mais je crois que vous, comme moi, nous en moquons éperdument ! En avant donc pour le décrassage du *Pierrot* ! Et je serais ravi que vous me prêtiez main forte pour cela !

À propos du concert Strawinsky [24], j'ai fait mon « examen de conscience », et j'ai été plus sévère que vous ! La chanteuse était tout à fait insuffisante dans la robustesse nécessaire aux *Pribaoutki* et aux *Chants russes*; les *Shakespeare* étaient bien pâles ; seuls les *Balmont* et la *Lyrique japonaise* lui convenaient vraiment : elle les a faits au mieux de ses possibilités. La flûte et la clarinette du passage à deux voix des symphonies étaient nettement insuffisantes. La cadence du *Concertino* n'était pas brillante, le guitariste des *Chants russes* n'a pas fait une malheureuse note du texte. Quant aux chanteurs du *Renard*, le moins qu'on puisse dire est qu'ils m'aient enthousiasmé ! 1°) Ils ne savaient pas leur texte ; or, un texte comme celui-ci, on doit l'avoir mécaniquement dans la bouche, et le connaître absolument par cœur. 2°) Leur comique était pénible ; ou c'était timoré, et on aurait cru *Borniol* [25] en goguette, ou c'était d'un cabotinage péniblement vulgaire. J'ai eu beau « gommer » aux répétitions, et encore gommer, la nature est revenue, plus forte que toutes mes gommes ; et l'on s'est retrouvé à la noce à Mimile, à Romorantin, où le cousin Jean, un fameux lapin, et rigolo avec ça, savez-vous, nous a régalés de ses fameuses histoires qu'il sait si bien dire ! ah ! on s'ennuie pas avec lui ! toujours le mot pour rire !!! etc., etc. *De profundis* !

Oui, vous avez tout à fait raison de parler du comique naturel de *Renard*, en rajouter ne fait que mettre à nu sa propre vulgarité : le style, vertu première de toute musique ! Mais qui y pense ? Les chanteurs sont bien ceux qui y pensent le moins, en tout cas ! Et les virtuoses leur disputent cette palme !

Autre sujet, et dernier de cette lettre – du moins je l'espère ! – : les tambours de bois ! Je suis prêt à tous les « sacrifices » pour ce facteur, et à tous « les cadeaux », s'il consent à laisser un instrument entre les mains d'un mécréant. Mais je me promets bien du plaisir à lire sa lettre, en attendant celui de jouer sur les tambours ! Pour l'instant, toutefois, la pirogue se révèle encore inutile [26]. Mais je ne désespère pas un jour, d'« embarquer » les musiciens, sinon la musique, sur un pareil esquif [27] !! Mais je le ferai savoir à votre facteur, par votre intermédiaire, au cas où il me prendrait de tenir pour réel le « fleuve » de la musique ! (ou : la musique souvent me prend comme une mer [28] !)

Je viens, par ailleurs, de recevoir (occasion de Hambourg) douze gongs thaïlandais à mamelon, de toute beauté ; et pour un prix relativement modéré, ce qui n'a rien gâté de leur beauté ; si vous venez dans ces parages, je vous les ferai entendre !

Excusez-moi pour la longueur démesurée de cette lettre, mais nous n'avons jamais l'occasion de parler !

J'aimerais bien pouvoir compter sur votre assentiment pour la présentation du *Pierrot* ; et, dans cette attente, je vous prie de croire à ma sympathie la plus amicale.

P. B.

P. S. J'ai oublié de mentionner la date limite de l'imprimeur : le 28 novembre, mais j'espère qu'elle ne vous effraie pas !

Et il faudrait l'envoyer directement à Kiesgen[29], 252, faubourg Saint-Honoré.

---

1. Des lettres ont sans doute été échangées entre-temps, du moins de la part d'André Schaeffner, mais la correspondance de Pierre Boulez se rapportant aux années 1954 à 1959 demeure égarée.

2. Albert Giraud, poète belge (1860-1920), auteur du recueil de poèmes *Pierrot lunaire,* traduit en allemand par Otto Erich Hartleben. Arnold Schoenberg (1874-1951) en mit en musique une partie. Son *Pierrot lunaire,* pour voix parlée et ensemble instrumental (piano, flûte/piccolo, clarinette/clarinette basse, violon/alto, violoncelle), fut créé le 16 octobre 1912 à Berlin.

3. Musicologue français né en 1923, conservateur en chef du département de musique de la Bibliothèque nationale de 1970 à 1988.

4. « Variations Schoenberg » (*in Contrepoints* n° 7, 1951, p. 110-129). Ce texte a été écrit en réponse au texte de Pierre Boulez, publié dans le numéro précédent de la même revue (n° 6, 1949, p. 122-142) intitulé « Trajectoires ». Lors de la réédition de cet article dans *Relevés d'apprenti*, Paris, Seuil, 1966, rééd. *in Points de repère I. Imaginer, op. cit.*, Pierre Boulez prend en compte les remarques d'André Schaeffner. Les deux textes originaux de Pierre Boulez et d'André Schaeffner sont reproduits dans le présent ouvrage (p. 131 à 196).

5. Concert du Domaine musical, dirigé par Pierre Boulez le 6 décembre 1961 au Théâtre de l'Odéon, intitulé « Festival Schoenberg ». Au programme : 1. *Suite* opus 29 (1926), 2. *Sérénade* opus 24 (1923), 3. *Pierrot lunaire* opus 21 (1912).

6. Dans les « Variations Schoenberg », art. cité, André Schaeffner rapproche et différencie le *Pierrot lunaire* d'Albert Giraud, paru en 1884, et *L'Imitation de Notre-Dame la Lune* de Jules Laforgue (1860-1887), publiée en 1886 (voir *infra*, p. 166-169).

7. Allusion à *La Vie parisienne* d'Offenbach, mise en scène par J.-L. Barrault en 1958 au Théâtre du Palais-Royal. La direction musicale des spectacles de la compagnie Renaud-Barrault, confiée au départ à Pierre Boulez, était désormais assumée par André Girard.

8. *Sérénade* op. 24 (1923).

9. *Suite* op. 29 (1926) pour sept instruments (clarinette, clarinette en *mi* bémol, clarinette basse, violon, alto, violoncelle et piano).

10. Compositeur, chef d'orchestre (1936). Collaborateur du Domaine musical, il en assure la direction de 1967 à 1973, succédant à Pierre Boulez.

11. « Variations Schoenberg », voir *supra* note 4.

12. Allusion à Marya Freund, soprano allemande (1876-1966) qui interpréta le *Pierrot lunaire* lors de sa création parisienne en 1922. Voir plus loin lettre n° 7.

13. Le baron Ernst von Wolzogen. Ami de Richard Strauss et librettiste de son opéra *Feuersnot* (1901). Créateur du Überbrettltheater.

14. Cabaret littéraire fondé en 1901 à Berlin autour de Christian Morgenstern, Oscar Strauss, Detlev von Liliencron. Schoenberg y travaille de 1901 à 1903.

15. Ce concert consacré à Schoenberg était dirigé par Hans Rosbaud et donné avec le concours de la soprano Gisela Litz le 12 janvier 1958 au cours d'un festival organisé par la Internationale Gesellschaft für Neue Musik et à l'occasion du dixième anniversaire du Norddeutscher Rundfunk de Hambourg. Au programme : « Deuxième et troisième mouvements du *Quatuor en ré majeur* (1897) ; *Deux Lieder* pour soprano et piano (1903, 1909), *Brettl-Lieder* (1901) ; *Trois Petites Pièces* pour orchestre de chambre (1910) ; *Lagunenwalzer* de Johann Strauss adaptées pour quatuor à cordes, piano et harmonium (1921), *Sonate* pour orgue (1941), *Israel exists again* pour chœur et orchestre (1949), *L'Échelle de Jacob* pour récitant, chœur et orchestre (1917). » Il est vraisemblable que les *Brettl-Lieder* n'avaient plus été donnés en concert depuis leur création.

16. Les *Brettl-Lieder (1901)*. La dernière pièce, *Nachtwandler,* est composée pour voix, piccolo, trompette, caisse claire et piano.

17. Comédienne (1857-1946), commanditaire du *Pierrot lunaire*, qu'elle créa en 1912 à Berlin. Elle a aussi participé aux spectacles du Überbrettltheater.

18. Chef d'orchestre suisse d'origine allemande (1891-1966). Après avoir collaboré avec Schoenberg à la préparation de la création du *Pierrot lunaire*, Scherchen fait ses débuts de chef d'orchestre en 1912 en interprétant cette œuvre au cours de tournées. Fervent défenseur des musiciens de l'école de Vienne, remarquable interprète du grand répertoire, il a créé et joué de très nombreuses œuvres contemporaines. C'est lui qui dirigea, à la demande de Pierre Boulez, le premier concert donné au Petit

Théâtre Marigny de ce qui prendra le nom de Domaine musical (cf. lettre n° 1, note 2). Le 2 juin 1951 à Darmstadt, peu avant la mort de Schoenberg, il avait donné en concert la première audition d'un extrait de *Moïse et Aaron*, la « Danse autour du Veau d'or » avec le Hessischen Landes Theater Orchester.

19. Paul Landormy, musicologue, critique musical au *Figaro*, au *Temps*, etc. Boulez relève de lui une réaction au *Pierrot lunaire* : « Dans tout cela, peu de chose à prendre pour les Français, sinon un encouragement à l'audace » (« Trajectoires », voir *supra* note 4).

20. Paul Landormy, *La Musique française après Debussy*, Paris, Gallimard, 1943.

21. *Pierrot lunaire*, CBS-MPK 45695-10. Cet enregistrement fut réalisé en septembre 1940 en une seule soirée dans des conditions précaires.

22. La diseuse du *Pierrot* à partir de 1922 (cf. lettre n° 7).

23. *Die Glückliche Hand* (La Main heureuse) op. 18 (Universal Edition 1917). Créé en 1924 à Vienne. Pierre Boulez se souvient de l'avoir dirigé pour la première fois, au début des années soixante à Bruxelles, dans le cadre d'un festival de musique contemporaine organisé par Georges Caraël, chef de production à la Radiotélévision belge.

24. Il s'agit du concert donné le 8 novembre 1961 au Théâtre de l'Odéon par le Domaine musical, intitulé « Rétrospective Strawinsky », en l'honneur de son quatre-vingtième anniversaire. Le programme était composé comme suit :

1. *Concertino pour douze instruments* (1920/1952),
2. *Quatre Chants russes* (1915-1919/1954),
3. *Deux Poèmes de Balmont* (1911/1954),
4. *Trois Poésies de la lyrique japonaise* (1913),
5. *Symphonies d'instruments à vent* (1920/1947),
6. *In Memoriam Dylan Thomas* (1954),
7. *Three Songs from William Shakespeare* (1953),
8. *Pribaoutki* (1914),

9. *Trois Pièces pour clarinette* (1919), remplacé dans le programme définitif par le *Quatuor à cordes* (1914-1918),

10. *Renard* (1916-1917).

25. Célèbre entrepreneur de pompes funèbres.

26. Dans la collection des instruments de musique du musée de l'Homme nous avons la référence d'un tambour de bois à fente quadrupède aux dimensions 137 cm x 46 cm, originaire des Bria Banda Linga (République Centrafricaine), apporté en 1956 par J.-C. Paulme (n° 56, 106. 1). Pierre Boulez avait demandé à André Schaeffner de lui procurer un tambour de bois du même type, sur lequel il était venu s'exercer à plusieurs reprises. Faits d'un tronc d'arbre creusé, ces tambours à fente(s) longitudinale(s) ont souvent la forme d'une embarcation et les Africains eux-mêmes font la comparaison. Dans *Origine des instruments de musique* (Paris, Payot, 1938 ; 2e édition : Mouton et Maison des Sciences de l'Homme, 1968 ; 3e édition : EHESS, 1994), André Schaeffner évoque à plusieurs reprises des pirogues. Soit s'agissant de tambours de bois dont les formes se rapprochent de celles des pirogues, soit s'agissant des véritables pirogues dont les piroguiers jouent en frappant sur leurs bords. Il sera encore question de cette commande dans les lettres n°s 8, 9, 12 et 13.

27. S'agirait-il du projet pour la composition de *Marges* (1962-1964), pièce demeurée inachevée pour ensemble de percussions et récitant (Fondation Paul Sacher, Collection Pierre Boulez, esquisses, Mappe G, Dossier H – cf. lettre n° 6, note 3) ? À ce moment Pierre Boulez devait travailler sur la partition du *Visage nuptial* et de *Pli selon pli*.

28. *In* Charles Baudelaire, «La Musique» (*Les Fleurs du mal*, 1857).

29. Camille Kiesgen, administrateur du Domaine musical.

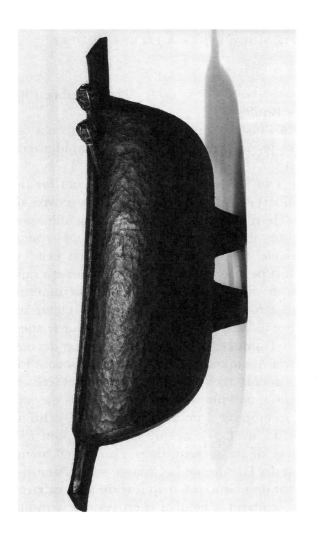

Tambour de bois à fente « linga » avec baguettes. République Centrafricaine.
(Don de J.-C. Paulme, musée de l'Homme. Cliché Photothèque du musée de l'Homme.)

5.

ANDRÉ SCHAEFFNER À PIERRE BOULEZ

22 novembre 1961

Mon cher Boulez,

Je reçois à l'instant votre lettre-fleuve qui m'a fait bien plaisir ; je ne puis qu'y répondre rapidement, excusez-moi.

Entendu pour la notice concernant *Pierrot lunaire*, mais que Gilbert Amy traite des deux autres œuvres de Schoenberg. Je n'ai rien à en dire de particulier, sauf une évidente influence de *L'Histoire du soldat*[1] sur la *Sérénade*: chose jamais dite. Outre cela, je dispose de fort peu de temps. Vous surestimez ma rapidité de travail ou mes facultés de « re'instrumentation ». Je suis actuellement aux prises avec un texte sur « Rituel et Pré-théâtre » destiné au volume sur le spectacle de Guy Dumur[2] : heureusement que ce dernier doit se trouver quelque part en Afrique ! Et si vous me parlez de « décrassage » du *Pierrot*, tout cet été, et encore à mes moments soi-disant perdus, je me suis employé et m'emploie à un autre décrassage, celui de *Pelléas*. Mais, à l'inverse de ce que vous faites pour *Pierrot*, je remets de la terreur dans *Pelléas*[3] et même quelque peu du Théâtre de la Cruauté selon Artaud[4] !

N'allez tout de même pas trop fort du côté cabaret, car si c'est « cabaret », celui-ci n'en reste pas moins un cabaret *noir*, comme l'on dit : humour noir. J'eus, dans la nuit qui suivit la première audition *intégrale* de *Pierrot lunaire*, un rêve musical, à vrai dire un cauchemar, fait de la répétition constante et harassante de la première pièce de la deuxième partie[5], et où je ne savais plus si les notes étaient de vraies notes ou un vol de chauves-souris... Je ne me prends certes pas pour critère ; mais à force de jouer la terreur, comme je l'ai vu faire chez les nègres, on se met à y croire. On *s'amuse* à avoir peur, et finalement on a bel et bien peur. Le passage du « joué » au « vrai » ou au « sincère », peu importe le terme, est constant en Afrique. *Tout le monde fout le camp*, quitte à s'arrêter en chemin et commencer à rigoler, surtout les femmes. J'ai une grande expérience du Théâtre de la Peur[6].

Il n'en reste pas moins que tout ce que vous me dites sur les antécédents de *Pierrot* est très intéressant et m'apprend beaucoup. J'ignorais la plupart de ces détails. C'est effrayant la lenteur avec laquelle les choses se découvrent.

Pour la notice, le début en sera rédigé en style de notice. Après je dirai : nous extrayons de l'article ou de l'essai de M. A. S... etc. Et je ferai de mon mieux les coupures. Kiesgen aura le texte lundi 27, car le lendemain grève générale, à Paris du moins.

J'aurais tant de choses à vous dire sur le concert Strawinsky, mais réellement je n'ai plus le temps. Toutefois deux choses : dans les *Symphonies* le passage à deux voix (flûte et clarinette) a toujours été difficultueux, expressivement parlant (on saute d'un coup d'une liturgie funèbre à une pièce pastorale, du moins je le comprends ainsi) ; jusqu'à nouvelle audition, je préfère la version originale, plus sèche et presque plus « beethovénienne », du *Concertino* à la nouvelle un peu trop « jolie » à mon goût, et où la cadence s'insère plus difficilement[7]. Mais j'attendrai une nouvelle audition; on est toujours victime des impressions qu'on reçut d'abord, et la première fois que j'entendis le *Concertino* par le quatuor Pro Arte j'eus un choc, qui ne s'est plus reproduit[8].

À propos de nouvelle audition, vous nous en devez une, celle de *Pli selon pli*[9], et ce jour-là je viendrai à la répétition pour me payer deux auditions d'un coup.

Bien amicalement vôtre

Schaeffner

La première audition *intégrale* de *Pierrot* eut lieu le 16 janvier 22, j'y étais et réellement l'accueil ne fut pas celui raconté et romancé par Landormy. Elle avait été précédée d'une audition partielle le 15 décembre 21, que j'ai manquée. Poulenc[10] y était, je lui demanderai. Je crois à une confusion avec les 5 Pièces d'orchestre[11].

1. Œuvre scénique «à lire, jouer et danser» de Stravinsky, sur un texte de C. F. Ramuz, pour trois acteurs, un danseur et 7 instruments (1918).

2. Guy Dumur, *Histoire des spectacles* de l'Encyclopédie de la Pléiade (Paris, Gallimard, 1965). André Schaeffner a développé dans ce chapitre son article « Pré-théâtre » repris dans *Essais de musicologie et autres fantaisies*, Paris, Éditions du Sycomore, 1980, rééd. *in Variations sur la musique*, Paris, Fayard, 1998.

3. «Théâtre de la peur ou de la cruauté?», préface à *Debussy et Edgar Poe* (édité par Edward Lockspeiser, Monaco, Éd. du Rocher, Collection du Domaine musical, 1961), rééd. *in Variations sur la musique, op. cit.*

4. Antonin Artaud (1896-1948). Ses deux essais, *Le Théâtre de la cruauté* (1932) et *Le Théâtre et son double* (1938),

ont eu une profonde influence sur des metteurs en scène comme Roger Blin, Jean-Louis Barrault et Julian Beck et également sur Pierre Boulez (cf. « Propositions » [1948] repris dans *Relevés d'apprenti, op. cit.,* rééd. *in Points de repère I. Imaginer, op. cit.*).

5. *« Die Nacht »,* la première pièce du deuxième cycle, est conçue sous forme de passacaille stylisée.

6. « Or il y a d'autres choses qui peuvent être comprises par tout le monde : la menace et, comme disaient les Grecs, l'horreur. Sous l'angle du spectacle, le théâtre de la Terreur, ou Théâtre de la Cruauté. La peur peut être réelle ou feinte ; ce qui la provoque est tout de même bien visible ou parfaitement audible : l'irruption subite d'une troupe armée ou masquée, le son étrange, effrayant, d'un instrument inconnu. [...] Passons à la Terreur, sous une forme également très atténuée. Nous sommes chez les Baga, population de la basse côte guinéenne ; [...] aux yeux des ethnologues les Baga, avec leurs arbres sacrés, leurs lieux de culte ou de retraite sous bois, sont bien "gens de la forêt", proches en cela des Kissi ou des Toma. On peut parler des rituels de la forêt, dès lors qu'une partie s'accomplit dans le secret d'une zone boisée et qu'entre celle-ci et le village se manifeste, sous diverses formes, une opposition. [...] La première partie du rituel se nomme *Abul.* Génie ou divinité, *Abul* est la femme de *Bansonyi,* qui préside à la seconde partie du rituel, en fait, la circoncision. Son culte, ou ce que l'on peut considérer comme tel, se célèbre dans une zone interdite de la forêt. À la fin de cette période, lors des premières semailles, *Abul* se manifestera publiquement dans une rizière, sous la forme d'une énorme carapace de tortue que soutiennent une dizaine d'hommes cachés sous un rideau de fibres. Durant les trois mois qui précèdent cette cérémonie des rites secrets sont pratiqués en forêt, suivis ou non d'une invasion du village par les hommes de l'*Abul,* travestis en femmes. Cette invasion est annoncée par un crieur parcourant tout le village et par le vrombissement d'un

rhombe. Aussitôt femmes, enfants, étrangers, fuient et s'enferment dans les cases. Portes closes, rues désertes, silence de mort, le village est plongé dans le deuil. La vie n'y renaîtra que lorsque la troupe des envahisseurs aura atteint le centre du village ; la cérémonie prendra un tout autre caractère, pour ainsi dire carnavalesque, femmes et enfants se mêlant au cortège. Voyons maintenant les signes soit de la forêt soit de la femme. Le crieur qui parcourt le village tient un bâton auquel est suspendue une palme. Le rhombe n'est pas tourné au sol mais du haut d'un arbre de la forêt. La file des danseurs débouchant de la forêt est précédée d'un homme, porteur également d'une palme, puis viennent trois joueurs de tambour ; or le troisième tambour, en temps normal est frappé uniquement aux obsèques de femmes. Il en existe un quatrième, de grandes dimensions (plus de 2 m de long) : ce tambour absolument secret ne sort jamais de la forêt, il accompagne les rites qui y sont pratiqués et produit des sons assez étranges. Quant aux danseurs, je l'ai dit, ils secouent des sistres de filles excisées et, de leur main libre, brandissent un mouchoir ou un éventail, un miroir, ou un petit sac à main ; ils portent des pagnes serrés aux chevilles, des foulards de tête ou de poitrine, des bijoux. Enfin au cours de leur danse, ces solides gaillards minaudent comme des femmes » (André Schaeffner, *Le Sistre et le hochet*, Paris, Hermann, 1990, p. 171-172 et 174-175).

7. La première version date de 1920 et une nouvelle instrumentation est réalisée en 1952.

8. En 1923 (le 2 et le 5 juin), dans le cadre des concerts Jean Wiéner. Au même programme, œuvres d'Anton Webern, Erik Satie, Darius Milhaud et Charles Gounod. Programme conservé dans le Fonds Schaeffner de la Bibliothèque musicale Gustav Mahler.

9. *Pli selon pli* (1957-1962/1983/1990), Universal Edition. Cette œuvre est constituée d'un ensemble de cinq pièces pour orchestre avec soprano, composées sur un choix de poèmes de Stéphane Mallarmé (1842-1898) : *Don*

du poème (1865), *Le vierge, le vivace et le bel aujourd'hui, Une dentelle s'abolit, À la nue accablante tu* (1887), *Tombeau* (1897). Cf. lettre n° 9, note 15.

10. André Schaeffner entretenait des relations d'estime et d'amitié avec Francis Poulenc (1899-1963), rendant compte de ses œuvres dans différents articles, à la satisfaction du compositeur qui apprécie la « sûreté technique » et la « lisibilité » d'une étude parue le 1er novembre 1924 dans *La Revue musicale.* En avril 1933, il lui écrit : « Merci de tout cœur mon cher Schaeffner pour votre article sur le *Concerto à deux pianos.* Bien que sur certains points j'aimerais à discuter avec vous il n'en reste pas moins le plus intelligent qu'on ait écrit sur cette œuvre accueillie généralement (enthousiasme ou dénigrement) avec bien du malentendu » (Francis Poulenc, *Correspondance 1910-1963,* réunie, choisie, présentée et annotée par Myriam Chimènes, Paris, Fayard, 1994, p. 242 et 386). Si son projet d'écrire un livre sur le compositeur ne se réalisa pas, il lui consacra toutefois un article intitulé « Francis Poulenc, musicien français » publié dans *Contrepoints* (n° 1, janvier 1946, p. 50-58), repris dans *Essais de musicologie...*, *op. cit.*, rééd. *in Variations sur la musique, op. cit.*

11. *Cinq Pièces pour orchestre* opus 16 (1909), créées en 1912 à Londres et dirigées par André Caplet le 22 et le 23 avril 1922 au Théâtre des Champs-Élysées. Cette œuvre ne sera donnée que trente ans plus tard par Pierre Boulez (cf. « André Caplet » par Y. Gouverné *in Hommage à André Caplet,* Paris, Zodiaque, 1979, p. 7).

6.

dactylographiée; entièrement rédigée en caractères minuscules
[*timbre de la poste : 24 novembre 1961*]

Pierre Boulez
Baden-Baden
Kapuzinerstrasse, 9

Cher ami,
Merci beaucoup de votre excellente réponse, et je
suis vraiment très heureux que vous ayez accepté de
donner votre texte pour notre programme; c'est
donc entendu, Amy fera les notes sur la *Sérénade* et la
Suite. Une fois de plus, nous sommes d'accord en ce
qui concerne la *Sérénade*... Je trouve que le trio du
menuet, surtout à son départ, est, même rythmique-
ment, très proche du Strawinsky parodique; ainsi que
la marche,... ainsi, également, que le divertissement
de la scène de danse. Je pense que vous pourrez écouter au concert que je le dirige ainsi, très sec et assez
«mécanique» comme humour! par opposition avec
la sentimentalité viennoise débordante, ou l'espèce
de volupté rococo du menuet, et de la romance sans
paroles !
Quant au *Pierrot,* n'ayez pas trop de craintes:
certaines pièces, comme «*Nacht*», «*Rote Messe*», «*Hei-
lige Kreuze*», «*Madonna*», etc. seront jouées avec la
dose de terreur feinte qui sera à la limite du suppor-
table (dans le goût comme dans l'intensité !). J'ai dit

cabaret, mais je n'ai pas dit chansonnier ; dans tout bon programme de cabaret, on rit, mais on pleure aussi, ou on s'attendrit ; ce sera donc, en cela, une vraie soirée de cabaret, du moins, j'espère y arriver.

Ce que vous me dites sur la terreur feinte, qui est capable de provoquer la panique parmi ceux qui la jouent, je vous crois d'autant plus aisément que j'ai été témoin de scènes semblables avec les Noirs du Brésil [1] ; c'est du reste ce qui me captive tant chez les Noirs, cette aisance dans la fiction (dommage que Diderot ne les connaissait point car ses paradoxes n'ont pas l'ampleur et le jeu nécessaires...).

Avez-vous vu *Les Nègres*, lors de la création ? Genet [2] avait admirablement compris et mis en valeur ce jeu sur le jeu.

À propos des symphonies, juste un mot : je ne suis pas d'accord sur le côté pastoral que vous attribuez au passage pour flûte et clarinette ; j'y vois plutôt la continuation de la liturgie ; mais par rapport au thrène aigu modulé au début, il s'agit tout à coup d'une liturgie basse, et je voudrais toujours rendre ce passage comme, par exemple, ce dialogue marmonné à voix basse entre le prêtre et son enfant de chœur lors d'une messe basse ; ou encore ces marmonnements du vieillard initiant [3], en attendant la transe et le paroxysme, et qui ronronne son petit jus jusqu'à ce qu'arrive le déchaînement ; ou encore comme le violon chinois dans le théâtre traditionnel : après les pires cataclysmes, où cymbales et cris se sont déchaînés, on entend émerger cet infime nasillement, témoin et garant de la continuité. J'aurais voulu rendre cela, mais cela n'est encore pas arrivé...

probablement faudra-t-il que je l'écrive moi-même dans une œuvre pour y arriver[4] !

Je viens de recevoir l'horaire de mes répétitions, et, surtout au début de mon séjour, j'ai quelque temps libre ; accepteriez-vous de dîner avec Souvtchinsky et moi, le soir du 30 novembre, par exemple ? Arrangez-vous directement avec lui sur le choix d'un jour (sauf le 29), et je vous téléphonerai le 29 (jour de mon arrivée) pour savoir ce que vous avez décidé. Cela me ferait très plaisir si vous vouliez bien accepter cette invitation ; comme vous le voyez, nous avons devant nous beaucoup de matériel pour la conversation, et je doute même que nous l'épuisions en une seule fois !

À bientôt, donc ; je vous remercie encore vivement pour la préface au *Pierrot* (à propos, elle sera reprise pour la pochette du disque[5], si vous n'y voyez pas d'inconvénient ; et si je ne puis que vous remercier pour votre générosité vis-à-vis du « Domaine », le disque, lui, aura pour vous des reconnaissances plus solides et moins gracieuses !...)

Croyez à mon amical souvenir.

P. B.

[*en manuscrit :*]

Merci pour *Pelléas*. Les deux scènes entre Golaud et Mélisande sont horribles ! Surtout cette torture du 5e acte ; cet horrible monsieur qui veut tout savoir. De toute façon, c'est l'œuvre entière de Debussy qu'on dirige, ou qu'on joue trop mou. Il y a des pointes de brutalité ! C'était un musicien *nerveux*, et pas ce voluptueux lymphatique qu'on en a fait comme caricature.

1. Pierre Boulez part en tournée avec la Compagnie Renaud-Barrault au Brésil, une première fois en 1950 et une deuxième fois en juillet 1954. Au cours de cette deuxième tournée, il a l'occasion d'assister en compagnie de Jean-Louis Barrault à des rites de « macumba » dans l'arrière-pays de Salvador (Bahia). Cette expérience est à l'origine de la mise en scène de *L'Orestie* d'Eschyle par Barrault, pour laquelle Pierre Boulez compose la musique. « Durant ses voyages au Brésil, Jean-Louis avait été fortement impressionné par les cérémonies des macumbas dans la forêt brésilienne, avec la présence du diable destiné à la vengeance. Cela rappelait exactement les incantations de Clytemnestre au milieu des Érinyes et lui donna envie de se lancer dans l'aventure de *L'Orestie* (*L'Orestie* d'Eschyle − 525-457 av. J.-C. − est une trilogie composée d'*Agamemnon,* des *Choéphores* et des *Euménides.* Elle fut jouée pour la première fois en 458 av. J.-C.). La gestation du spectacle fut un travail passionnant auquel André Obey, un père dominicain, un maître de conférence à la Sorbonne et un ami grec de Jean-Louis collaborèrent. Pierre Boulez écrivit une superbe partition musicale qui donna pas mal de fil à retordre à tous ceux qui participèrent aux chœurs » (Simone Valère et Jean Desailly, *Un destin pour deux,* Paris, Ramsay, 1996, p. 126). Jean-Louis Barrault décrit lui-même très longuement ces scènes de macumba auxquelles il a assisté au Brésil dans un texte paru dans le numéro des *Cahiers de la Compagnie Madeleine Renaud et Jean-Louis Barrault* consacré à *Eschyle et l'Orestie* (n° 11 bis, Paris, Julliard, mai 1955-janvier 1962) : « Par ailleurs, au cours de nos tournées, nous avions eu l'occasion d'assister, particulièrement au Brésil, à des séances d'occultisme, à des macumba plus ou moins authentiques, à des candomblé. J'avais été littéralement saisi par ces manifestations populaires qui viennent d'Afrique, et autant que me le permettait le travail harassant de nos répétitions, de nos représentations et de nos visites officielles, je m'étais documenté le plus possible

pour comprendre l'essence de ces rites et pour en capter la signification. La manière dont un être se trouve soudain aux prises avec l'Esprit, qu'il soit noir ou indien, la manière dont le médium après lui avoir transmis l'Esprit suit cet être, la manière dont grandissent les transes, le calme « nettoyé » qui suit, le rituel de ces cérémonies nocturnes, tout cela m'avait frappé et m'avait pour ainsi dire lié à ces gens mystérieux et attachants. […] À une répétition d'une cérémonie de candomblé, à Bahia, l'une des femmes, le *coryphée*, sans doute, saisit une des amphores et, traçant avec l'eau versée un cercle magique, une danse frénétique commença autour de ce cercle jusqu'à l'essoufflement absolu, extrême, des « filles des saints » (c'est-à-dire nos vestales). C'était la danse des Érinyes. C'est assez dire qu'en relisant, il y a trois ou quatre ans, mon vieil et bien-aimé Eschyle, je reconnus, entre autres, comme l'écho de tout ce monde magique : les transes de Cassandre, le kommos d'Électre et d'Oreste sur la tombe de leur père, la chaîne des Érinyes, les messes noires de Clytemnestre, etc. » (p. 94-95 et 100).

Nous avons eu l'occasion de recueillir à ce sujet un témoignage de Pierre Boulez : « J'ai vu la macumba à Bahia. Dans une toute petite campagne. C'était fort impressionnant. C'était une liturgie à laquelle les gens croient encore, et qui est vraiment physique. En plus de ça les gens boivent, fument, s'agitent beaucoup, font énormément de bruit. […] Et quand les gens entrent en transe, il y a des choses tout à fait incroyables. Je me souviens maintenant qu'il y avait par exemple un Noir qui pesait au moins 110 kilos, énorme ; il tournait comme une toupie sur lui-même, très vite, et puis quelqu'un le touchait et il s'arrêtait brusquement, et en ayant son parfait équilibre... donc il y avait quelque chose de physique qui l'arrêtait. Il y avait beaucoup de choses comme ça très impressionnantes. […] Ce qui est le comble c'est que tout ça qui paraissait très dangereux et violent par moments, ne l'était finalement pas du tout, puisque vous aviez des gosses de quatre ou cinq ans qui circulaient au milieu de tout ça » (Pierre Boulez, communication personnelle, juin 1994).

Dans une page des esquisses relatives à cette œuvre (collection Pierre Boulez, Fondation Paul Sacher), on trouve l'indication « comme la macumba ». La partition définitive semble avoir été perdue par la Compagnie Renaud-Barrault pendant l'occupation du Théâtre national de l'Odéon au cours des événements de mai 1968 (cf. Robert Piencikowski : « "Assez lent, suspendu, comme imprévisible", quelques aperçus sur les travaux d'approche d'*Éclat* ». *Genesis*, 4/93 *Écritures musicales d'aujourd'hui*, Paris, 1993, Jean-Michel Place, p. 51-68).

2. La création des *Nègres* (Paris, L'Arbalète, 1958) de Jean Genet (1910-1986) par la troupe des *Griots* dirigée par Roger Blin, a eu lieu le 28 octobre 1959 au Théâtre de Lutèce. Pierre Boulez envisagea par la suite une collaboration pour une œuvre scénique qui n'aura pas de suite (cf. Jacques Lonchampt, « Pierre Boulez et l'opéra », *Le Monde*, 16 décembre 1967).

3. Il s'agit là vraisemblablement d'une réflexion qui fera en 1962 l'objet du projet de composition de *Marges*, une œuvre pour percussions restée inédite dans laquelle Boulez comptait faire « marmonner » par un récitant, des textes d'Artaud, de Rimbaud et de Michaux : « Cela vous donnerait également l'occasion d'entendre *Éclat*, ce qui serait très bon pour notre future collaboration. À propos de celle-là, j'ai réfléchi à *Marges*. Je pense réunir trois textes ou des extraits de la lettre dite du voyant de Rimbaud qui contient son « art poétique » d'une façon si aiguë, si lucide et si belle à la fois. Des textes d'Artaud sur les Tarahumaras, sur un rite du peyotl. Je choisirai en particulier un texte qui est très beau et qui s'intitule Tutuguri, le rite du soleil noir. Ce livre d'Artaud est paru à l'Arbalète chez Marc Barbezat. Si vous voulez je pourrais demander qu'on vous l'envoie. Il y a une grande édition de luxe, mais une petite édition de poche beaucoup plus pratique que j'ai également. Des

textes de Michaux tirés de *L'Infini turbulent*, de *Misérable miracle* et de *Paix dans le brisement*. Autrement dit mon projet serait sur les trois différentes façons d'être «voyant» : 1) l'individuelle par pur effort mental, 2) la tribale chargée d'hérédité, 3) la médicale chargée de civilisation» (lettre à Maurice Béjart du 13 juillet 1966. Fondation Paul Sacher, Collection Pierre Boulez, Correspondance).

4. Boulez l'écrira dans une deuxième version de *Figures Doubles Prismes* (1958/64/68), dans laquelle il ajoute des passages désignés dans ses esquisses par «Violon chinois» et «Rappel/Effacement» (Fondation Paul Sacher, Collection Pierre Boulez, *Figures Doubles Prismes,* esquisses). Voir aussi : Allen Edwards «Boulez's "Doubles" and "Figures Doubles Prismes"» in *Tempo, A Quartely Review of Modern Music,* n° 185/juin 1993, p. 6-17.

5. Il s'agit du disque du *Pierrot lunaire* du Domaine musical avec Helga Pilarczyk, dirigé par Boulez et produit par Adès (MA 30 LA 524/1002) en 1962.

7.

ANDRÉ SCHAEFFNER À PIERRE BOULEZ

26 décembre 1961

Mon cher Boulez,

Je vous écris, bien que j'aie l'esprit plutôt gelé ; la température dite extérieure vient encore de s'abaisser, en sorte que, malgré un bon chauffage central, on se sent hors de chez soi.

D'abord le concert Schoenberg[1]. J'en ai entendu pas mal d'échos, il a fait grande impression, y compris la robe de Pilarcsyk[2]! Unanimité sur la *Sérénade* et aussi sur *Pierrot*; on a bien senti que vous aviez tenté un effort de renouvellement, et que vous y aviez réussi. Il est dommage que vous n'ayez pas eu le temps de régler l'éclairage; pour mon compte, j'aurais voulu la scène *entièrement* plongée dans l'obscurité, des projecteurs éclairant seulement la chanteuse, et pour l'orchestre et vous une lampe suspendue dont la lumière ne se répandît pas au delà; bref, deux taches de lumière parfaitement circonscrites. Quelque chose de froid et de pleinement «lunaire». On a été plus réservé, et moi tout le premier, pour le piano de Loriod[3] dans la *Suite;* je m'en excuse, mais entre Loriod et Bergmann[4] je sais laquelle saisit le mieux le style de Schoenberg.

Pour les notices, il y avait une légère contradiction entre nos deux textes, mais c'est de ma faute : je me suis mal exprimé en disant qu'on avait entendu une fois un *Pierrot* «beaucoup plus chanté que déclamé» sous la direction de Schoenberg. En fait c'était presque le contraire; cela tient à ce que ni le terme de «chanter» ni celui de «déclamer» ne conviennent exactement. En tout cas Marya Freund[5] fut plutôt surprise de voir que tous les efforts qu'elle avait faits n'intéressaient aucunement Schoenberg. (Ne jugez pas Marya Freund d'après l'audition que vous avez entendue après la Libération[6]; il y avait beau temps qu'elle avait perdu toute voix, ce qui compte, même dans Schoenberg.)

En reprenant les articles qui furent écrits entre 1922 et 1927, et que j'avais complètement oubliés, j'ai

repris mémoire de bien des choses. Il y eut donc à
Paris une première audition partielle le 15 décembre
1921, celle à laquelle Landormy fait sans doute allusion. Première audition intégrale le 16 janvier 1922.
Seconde, le 10 mars. Entre elles deux, tournée à
l'étranger. Alors se place la double audition privée, à Vienne,
chez Mme Alma Mahler[7]. Schoenberg était présent, un
Pierrot était chanté par Erika Wagner et dirigé par
Stein[8], l'autre exécuté par Marya Freund et par Milhaud[9]. Schoenberg aurait plus ou moins désapprouvé
la seconde interprétation ; ce qui n'empêche pas que,
lorsqu'il vint à Paris en 1927 et dirigea deux fois *Pierrot*,
l'œuvre fut chantée par Marya Freund et, par dessus le
marché, en français. Je fus surtout très attentif à l'exécution instrumentale, combien différente de celle par
Milhaud. Au fond, j'entendais pour la première fois
une exécution correcte, fine, nuancée. Il est probable
qu'elle ne s'accordait pas avec l'interprétation de
Marya Freund. Personne, à *La Revue musicale*, ne voulut
en rendre compte ; c'est moi qui m'en chargeai (je
l'avais complètement oublié) et je ne dis *pas un mot* de
Marya Freund !! Prudence, consigne, je ne sais plus[10].
En 1924 Schoenberg dirigea *Pierrot* à Naples[11] ; la
chanteuse était Erika Wagner, le pianiste Eduard
Steuermann[12], mais les autres instrumentistes étaient
les Français ou les Belges que Schoenberg avait entendus avec Marya Freund et Milhaud. Entre parenthèses, six musiciens, le violoniste ne tenant pas la
partie d'alto. Je crois bien qu'après Zehme, et hors les
deux concerts à Paris, Schoenberg n'a jamais utilisé
qu'Erika Wagner ; en Europe du moins.

Ici vient une lettre de Schoenberg à Marya Freund et dont celle-ci ne publia que des fragments dans *La Revue musicale* de mai 1923. Marya Freund venait de chanter *Pierrot* à Paris (pour la 3ᵉ ou 4ᵉ fois) et, de son côté, Schoenberg venait de le diriger à Genève et Amsterdam [13]. Tous deux se sont aperçus que « *Madonna* », la « *Messe rouge* » et « *Les Croix* » [14] « choquent le sentiment religieux ». Protestation de Schoenberg : « En aucune période de mon existence je n'ai été anti-religieux ni même véritablement irréligieux. » Puis viennent les phrases suivantes, avec une coupure qui est de la main de Marya Freund : « Il me semble que j'ai compris ces poèmes avec beaucoup plus de naïveté que la plupart des gens. [....] En tout cas, je ne suis pas responsable de ce que les gens veulent bien lire dans le texte. S'ils étaient musiciens, personne ne se soucierait du texte ; on ne s'occuperait que de fredonner les mélodies [15]. » Vous avouerez qu'on aimerait connaître le passage en entier, d'autant que Marya Freund avait tout fait pour que l'on comprît les paroles, d'où chant en français, et avec une diction qui, alors, méritait bien des éloges. Une année après la confrontation de Vienne, c'était plutôt dur. Compréhension des paroles, respect des intervalles notés, si rien n'en demeure, que reste-t-il ? Il faut évidemment tenir compte des variations de l'auteur sur sa propre œuvre ; j'ai pu m'en rendre compte avec Strawinsky au sujet du *Sacre*... On ne me fera jamais croire que, lorsqu'il composa *Pierrot lunaire*, Schoenberg se fichait tellement des paroles [16]. Les textes avaient été choisis avec soin (21 sur 48) et parmi les plus « choquants » du recueil. On était plus dans un cabaret

décadent ou pré-expressionniste que dans une syna-
gogue [17]. La messe « rouge » n'est pas tellement éloi-
gnée de la messe noire. Le recueil de Giraud est de
1884, la même année qu'*À rebours* [18], cela dit déjà
quelque chose.

Je reviens à une divergence entre nous deux au
sujet du long passage pour flûte et clarinette dans les
Symphonies d'instruments à vent. L'aspect pastoral que
j'y vois n'est pas contradictoire avec le ton de messe
basse par quoi se continue la liturgie. J'aime votre
idée de « marmonnement », le tout est de le rendre.
N'empêche que les deux instruments choisis sont pas-
toraux. J'avoue avoir toujours vu en ce passage une
espèce de « portrait » de Debussy, comme on en
trouve toujours dans un rituel funéraire ou commé-
moratif ; bref, une évocation. Pour un marmonnement j'aurais employé des instruments moins clairs,
plus sourds, sinon plus graves. Mais je ne rejette pas a
priori votre idée et ne demande qu'à être convaincu.
Dans la version instrumentale primitive, il me semble
que le contraste était plus grand entre ce passage et ce
qui l'avait précédé [19]. Je regrette surtout l'éclat des
volées de cloches du début. Et certaines duretés harmoniques que je n'ai plus entendues. Je ne saurais
m'exprimer autrement qu'en vous disant que l'œuvre
avait quelque chose de plus « plein air » ; maintenant
on est un peu enfermé dans une église. Je voudrais
que cette impression d'église et de repos ne vienne
qu'à la fin. Quoi qu'il en soit, l'œuvre est magnifique
et vous la dirigez remarquablement.

Je vous enverrai prochainement des tirés à part
de deux articles de moi que vous ne connaissez

certainement pas ; ils sont plus ethnographiques que musicologiques ; l'un est une étude complète d'un rituel africain, l'autre pose des problèmes au sujet de la participation des musiciens à des rituels (également africains) [20].

Comment cela a-t-il marché à Rome ?

Bien amicalement vôtre et *Prosit Neujahr*!

André Schaeffner

35 r. Fontaine-à-Mulard
Paris (13e)

1. Cf. lettre 4, note 5.

2. Helga Pilarczyk, soprano allemande (née en 1925), soliste du *Pierrot lunaire* lors du concert du Domaine musical du 6 décembre 1961 et également lors de la réalisation du disque du *Pierrot lunaire* en 1962 produit par Adès.

3. Yvonne Loriod, pianiste et pédagogue (née en 1924). Elle a participé à la création de plusieurs œuvres d'Olivier Messiaen, son époux, et également de l'intégrale du Premier livre des *Structures pour deux pianos* de Pierre Boulez à Cologne le 13 novembre 1953 (avec Yvette Grimaud).

4. Maria Bergmann (née en 1918), pianiste allemande, principale pianiste à l'orchestre du Südwestfunk (Baden-Baden) de 1946 à 1982. Elle a participé à certains concerts du Domaine musical, à l'enregistrement de *Pli selon pli* de Pierre Boulez avec le BBC Symphony Orchestra (CBS 75770). Dans son ouvrage *Ein Leben für Musik und Funk* (Verlag für Berlin-Brandenburg, 1996, p. 65-66) elle raconte son travail auprès de Pierre Boulez.

5. Cf. lettre n° 4, note 12.

6. Boulez l'a entendue en 1949, après John Cage qui a assisté à cette même production au cours d'un voyage

à Palerme dans le cadre d'un festival de la SIMC (Société internationale de musique contemporaine). Le pianiste était Pietro Scarpini et le flûtiste Severino Gazzelloni. Boulez relate cette représentation dans son article « Trajectoires » (cf. *infra* p. 161) qu'il entreprend d'écrire vraisemblablement à la suite de cette audition ; il oppose cette interprétation à celle de René Leibowitz donnée à la même époque. Il en fait également part à John Cage dans une lettre où, curieusement, son avis défavorable sur la chanteuse ne s'est pas alors manifesté : « Ici rien ! Ou plutôt seulement des petites choses. Toutefois, j'ai assisté à une magnifique représentation du *Pierrot lunaire* donnée par Marya Freund et des musiciens italiens sous la direction de Pietro Scarpini. Je me souviens qu'ils ont également joué à Palerme. J'ai fait un important "papier" sur Ravel, Stravinsky, Schoenberg pour la revue *Contrepoints* et j'ai ajouté un petit texte disant plein de bonnes choses sur Marya Freund (contrairement à Leibowitz !) et Scarpini » (Pierre Boulez, lettre à John Cage, nov. 1949, *in Pierre Boulez-John Cage, Correspondance*, Winterthur, Amadeus Verlag, 1990, trad. fr. Paris, Christian Bourgois, 1991, p. 55).

7. Veuve de Gustav Mahler, elle aussi compositeur (1879-1964). L'audition eut lieu en août 1922.

8. Erwin Stein, chef d'orchestre et musicographe autrichien (1885-1958). Hanz Hinz Stuckenschmidt (*Arnold Schoenberg*, 1974, éd. fr. Paris, Fayard, 1993, p. 296) et Darius Milhaud (*Notes sur la musique*, Paris, Flammarion, 1982, p. 133) indiquent que Schoenberg lui-même dirigeait cette version.

9. Darius Milhaud (1892-1974) rapporte dans *Notes sans musique* (Paris, Julliard, 1949, p. 144) : « Nous eûmes les mêmes instrumentistes et le même pianiste, Steuermann, un ardent schoenbergien. Ce fut une expérience passionnante et, dans l'interprétation de Schoenberg, les éléments dramatiques ressortirent plus brutaux, plus intenses, plus frénétiques ; la mienne soulignait plutôt les éléments sen-

sibles, doux, subtils, transparents. Erika Wagner parla le texte allemand d'une voix âpre, respectant moins les notes écrites que Marya Freund qui les indiquait un peu trop, peut-être. Je compris ce jour-là qu'il n'y avait aucune solution à ce problème de récitation.»

10. André Schaeffner y écrivait dans la rubrique «Chroniques et notes» : «Arnold Schoenberg à Paris : La présence à Paris d'Arnold Schoenberg fut le prétexte d'une double reprise du *Pierrot lunaire*, mais dans des conditions instrumentales parfaites et rarement l'on vit compositeur donner plus de soins méticuleux à l'exécution d'une de ses œuvres (témoignant ainsi de la meilleure tradition wagnérienne). La partie de piano, notamment confiée à un excellent pianiste, M. Steuermann, fut admirable de nuances. Parfois, il semblait que toutes ces harmonies de *Pierrot lunaire* n'étaient aussi hétéroclites que pour mieux disparaître sous le masque d'une musique de timbres purs : l'oreille n'étant plus distraite (dans les cas extrêmes) par le moindre fil mélodique, elle se trouvait en présence d'un agrégat brut de timbres. Ce qui, sous le couvert d'un sujet «expressionniste», est bien le comble de l'impressionnisme. […]», *La Revue musicale* du 1er février 1928, 9e année, n° 4, p. 63-64.

11. Le 30 mars 1924.

12. Pianiste, pédagogue et compositeur américain d'origine autrichienne (1842-1964). Défenseur de Schoenberg, il a fait des réductions pour piano d'un grand nombre de ses œuvres. Webern lui a dédié ses *Variations* op. 27.

13. Les 4 et le 9 décembre 1922 respectivement avec Erika Wagner.

14. Les 6e, 11e et 14e pièces du *Pierrot lunaire*.

15. Lettre à Marya Freund (30 décembre 1922), *Arnold Schoenberg-Correspondance (1910-1951)*, Paris, J.-C. Lattès, 1983.

16. Voir A. Schoenberg : «Des rapports entre la musique et le texte» (1912) repris dans *Style and Idea*, édité par Leonard Stein, Londres, Faber and Faber, 1975. Édition fr. : *Le Style et l'Idée*, Buchet-Chastel, 1977, Paris, p. 118-120.

17. Schoenberg, né dans une famille juive, fut baptisé dans l'Église luthérienne en 1898, à vingt-quatre ans. Il se reconvertit au judaïsme en 1933, à Paris (Hans Heinz Stuckenschmidt, *op. cit.*, p. 37 et 383-384).

18. Ce roman de Joris Karl Huysmans (1848-1907), publié en 1884, est considéré comme un manifeste de la décadence ; son héros, Des Esseintes, se construit un univers où il cultive une volupté d'un raffinement poussé, mêlée à des hantises mystiques.

19. Cf. Igor Stravinsky, *Symphonies d'instruments à vent*, facsimilé de la première version (1920) édité par André Baltensperger et Felix Meyer, Winterthur, Amadeus, 1991. Pierre Boulez enregistrera cette version avec l'Orchestre philharmonique de New York (CBS 76680).

20. Il s'agit probablement d'« Ethnologie musicale et rituels africains », trois leçons données à l'École pratique des hautes études dans le cadre de l'enseignement de Marcel Mauss, reprises dans *Le Sistre et le Hochet, op. cit.*, p. 155-189.

———————

8.

PIERRE BOULEZ À ANDRÉ SCHAEFFNER

dactylographiée, entièrement en caractères minuscules

[*début septembre 1962*]

Pierre Boulez
Baden-Baden
Kapuzinerstrasse 9

Cher ami,

Comme on dit, « le temps ne fait rien à l'affaire » !! et je relis aujourd'hui la longue lettre sur le *Pierrot* que vous m'avez écrite le 26 décembre dernier. Figurez-vous que je viens de faire à Bâle une conférence pour présenter le concert où je vais diriger, côte à côte, mon *Marteau*, et le *Pierrot* [1]. Expérience que je voulais faire depuis longtemps, et qui, grâce à la générosité de Paul Sacher [2], va pouvoir enfin se réaliser... car, vous l'imaginez, c'est un concert passablement coûteux ! J'ai donc été amené à mettre en parallèle les deux œuvres, à comparer leurs moyens et leurs esthétiques. Le titre de cette conférence, que vous lirez dans le prochain cahier de la compagnie Barrault (consacré à la musique, vu le 10e anniversaire – eh, oui ! – du Domaine), est : dire, chanter, jouer [3]. J'y reprends un certain nombre de vos idées, et, si cela vous intéresse, je voudrais vous envoyer le manuscrit, pour que vous me donniez votre opinion.

Depuis l'exécution de décembre, j'ai redonné le *Pierrot* à Darmstadt, au début juillet [4] ; je l'ai analysé avec mes élèves à Bâle ; et, encore à Darmstadt, j'ai donné deux cours publics sur les problèmes d'interprétation qu'il soulève. C'était donc pour moi une année placée, en partie, sous le signe du *Pierrot*. À propos, avez-vous reçu d'Adès l'enregistrement ? J'espère qu'il vous en a fait le « service », ainsi que de la *Sérénade* [5] ; mais ils sont si négligents de ce côté que j'ai bien peur qu'ils ne vous l'aient point encore envoyé ! J'étais pour ma part, content de cet enregistrement ; c'est un des meilleurs que j'ai faits, et, en outre, la prise de son est excellente. Pour le moment je ne pouvais faire mieux. Mais qui sait ce que je penserai dans quelques années ? !

Pour en revenir à cette conférence bâloise, je crois que tout le problème du *Pierrot* est que Schoenberg s'est embarqué dans un nouveau mode d'expression vocale sans modifier en quoi que ce soit la notation. Au fond, il a repris textuellement la notation chantée, en y ajoutant des croix, ce qui ne résout aucunement le problème! Il y a donc maldonne au départ. Il sait très bien « ce qu'il ne veut pas », mais il ne sait pas exactement « ce qu'il veut ». Il faut d'ailleurs que je vous raconte une petite anecdote qui vous fera sourire... Elle a trait à ce bon Max Deutsch [6], que j'ai finalement quelque peu malmené, car son attitude était très révélatrice d'un certain état d'esprit du « Schoenbergkreis » (alte Fassung!!). Quelques jours après l'exécution à Paris, il m'a écrit une assez longue lettre pour me dire combien il avait été super-ravi par l'interprétation de la *Sérénade* (vous connaissez sa maladie des superlatifs!) mais combien il ne saurait approuver ni mon exécution du *Pierrot* ni ma préface (vous connaissez également cette tournure d'esprit: un Schoenberg ne se trompe pas!). Et de me citer toute l'histoire de la musique vocale, en faisant un salmigondis de Monteverdi, Mozart, Beethoven, Weber, Verdi, Puccini, etc., etc. Les siècles et les auteurs les plus divers y ont passé. Et d'ajouter que, pour interpréter correctement le *Pierrot,* il *n'y avait qu'à* suivre la préface! Mais pas un mot, précisément, sur la manière de suivre cette préface. Dans ma première réponse, courtoise, je lui disais que, certes, remonter au Déluge pouvait parfois présenter un intérêt certain; mais que dans le cas présent, j'aimerais qu'il me donne des conseils techniques précis, en rapport avec ladite préface, et que s'il me les donnait d'une façon claire et détaillée je me ferais un scrupule de les suivre. Réponse: il recommence encore au Déluge, et cette fois me délivre une monumentale ânerie : le *Sprechgesang* est fait pour donner l'unité vocale aux cinquante minutes du *Pierrot,* comme aux trois heures de *Wozzeck.* Cette fois-ci, je n'y ai plus tenu, et je lui ai répondu, sans trop de ménagement que, si nous n'étions même pas d'accord sur la durée exacte des deux œuvres (environ trente à trente-deux minutes pour *Pierrot,* et une heure et demie pour *Wozzeck*), la discussion manquait vraiment, sinon de sel, du moins d'intérêt véritable. Et voilà, cher ami, le niveau des élèves de Schoenberg qui se prétendent « gardiens de la tradition » !! C'est à vous décourager, pour la vie, d'avoir des élèves ! Mais ceci est une preuve supplémentaire, s'il en était besoin, que le *Pierrot* n'a jamais trouvé d'interprétation modèle, du point de vue vocal, sur laquelle on puisse sérieusement se baser.

Bour[7], que j'ai interrogé à plusieurs reprises, m'a dit qu'il avait tenu, lorsqu'il était élève de Scherchen, le piano lors d'une exécution du *Pierrot* avec Marya Freund sous la direction dudit Scherchen. Il m'a certifié, absolument, que, même en chantonnant (on ne peut pas appeler cela autrement), la brave Marya Freund ne faisait aucune des notes exactement notées dans la partition. Autrement dit, elle chantait approximativement n'importe quoi ! Et voilà comment les légendes se dissolvent.

Pierre Souvtchinsky m'avait écrit cet hiver, que Doda Conrad[8] voulait organiser un débat public sur l'interprétation du *Pierrot,* avec Marya Freund ; j'ai décliné cette offre, car j'aurais été obligé de citer des lettres et témoignages qu'on m'a communiqués et qui sont extrêmement désobligeants pour cette brave dame. Je trouvais que c'était tout à fait inutile de lui détruire publiquement sa légende, et qu'il vaut beaucoup mieux la laisser vieillir avec le sentiment qu'elle a raison ! Mais, entre nous, je crois que l'interprétation de Milhaud devrait être quelque chose d'assez coquin ! Ce que vous m'écrivez du choix provocant des poèmes ne m'étonne guère ! Mais quelle chose curieuse que Schoenberg se soit, après coup, voulu si ingénu !! Il n'y a aucun doute qu'il a choisi les poèmes les plus révulsés, si je puis dire, et que « *Rote Messe* », en particulier, est bien près, comme vous l'écriviez, d'une *Schwarze Messe*, et que tout ce satanisme de l'époque s'y retrouve grandement (Huysmans, Mirbeau, etc.).

Je ne vous reprends pas tous les arguments de ma conférence ; j'attends que vous la lisiez. À propos, vous le verrez, j'ai retrouvé les lieder, du moins le titre des lieder que j'ai entendus à Hambourg en 58 [9] ; l'un était sur un poème de Wedekind [10] (oui !), l'autre sur Falke [11] (?), mais écrit pour flûte piccolo, trompette, tambour et piano [12] ! n'est-ce pas curieux ? Je me souviens que l'audition m'en avait beaucoup frappé, et que, depuis lors, je n'ai cessé de penser que Wolzogen était pour quelque chose – même loin – dans la naissance de *Pierrot* !

En voilà assez sur ce chapitre du *Pierrot* !

Nous parlions de Strawinsky aussi la dernière fois. Je reviens de Salzbourg, où j'ai dirigé, avec la Philharmonie de Vienne, le *Sacre*, et les *Noces*, au cours d'un même programme de ballet (Béjart) [13] ; ce qui m'a permis de diriger les deux œuvres quatre fois de suite (générale et trois représentations). Je ne puis vous dire comme j'ai eu de plaisir à diriger les deux partitions ! Surtout le *Sacre*, qui reste beaucoup plus « indompté » que les *Noces*. Et comme cette esthétique était nouvelle ! La Danse de l'élue, ou la Danse sacrale restent vraiment les sommets de sauvagerie, qui disparaissent (hélas, à mon goût !) à peu près totalement dans les œuvres ultérieures. Certes, les *Noces* sont « drues », mais il n'y a plus cette verdeur dans l'agressivité, et cette allégresse dans le mordant ! Dans *Noces*, après expérience prolongée c'est la dernière page qui reste, de très loin, la plus belle. Il y a comme un mélange très insolite d'éternité et de défi, qui en font une des pages les plus « rares » de la musique.

À ce propos, j'ai enfin réalisé l'enregistrement du disque Strawinsky avec les *Symphonies*, le *Concertino*, et *Renard*[14]. Malheureusement, la prise de son est plus que médiocre ; nous avons fait cet enregistrement dans un studio très mal isolé, et ma nervosité s'en est sérieusement accrue ! Le résultat n'est pas ce que j'espérais.

Une dernière question : que sont devenues mes fausses pirogues ? c'est-à-dire mes vrais tambours de bois ?? La dernière fois, vous m'écriviez que vous aviez avancé l'argent pour le sacrifice de deux coqs (mais pas pour Esculape, à la divine mémoire de Satie-Socrate[15]). Est-ce que leur sang est retombé sur nos têtes que nous n'ayons pas de nouvelles depuis[16] ?

J'espère que je ne vous ai pas trop importuné avec cette longue lettre, et je vous prie de croire à mes très amicales pensées.

P. B.

1. La conférence a lieu le 22 août 1962. Le concert, le 26 octobre 1962, est précédé d'une générale publique le 25 octobre.

2. Chef d'orchestre bâlois né le 28 avril 1906. Commanditaire et créateur d'un nombre important d'œuvres majeures du XXᵉ siècle, ami et mécène de Pierre Boulez. Directeur de l'Académie de musique de la ville de Bâle, il invite Pierre Boulez à donner des cours d'analyse musicale en 1961, puis un cours d'interprétation et direction de musique contemporaine en 1969.

3. « Dire, jouer, chanter. Le *Pierrot lunaire* et *Le Marteau sans maître* » in *Cahiers de la Compagnie Madeleine Renaud-Jean-Louis Barrault*, n° spécial 41 : « La musique et ses problèmes contemporains », Paris, Julliard, 1963, p. 300-322, repris *in Points de repère*, Christian Bourgois-Seuil, 1981, p. 371-387.

4. Le 15 juillet 1962, dans le cadre des Internationalen Ferienkurse für Neue Musik. Au programme, des œuvres de Maderna, Pousseur et Stravinsky. Ce concert est suivi deux jours après d'une présentation du *Marteau sans maître*.

5. *Pierrot lunaire* op. 21 : Adès, MA 30 LA 524 ; *Sérénade* op. 24 : Adès MA 30 LA 525.

6. Compositeur, chef d'orchestre et pédagogue d'origine autrichienne (1892-1982). Après avoir étudié la composition avec Schoenberg, il s'installa en 1925 à Paris, où il dirigea les premières auditions françaises d'œuvres de Schoenberg (*Gurre-Lieder*), Berg et Webern. Par les cours de composition qu'il dispensa après la Deuxième Guerre mondiale, il contribua à étendre dans le public français la connaissance de Schoenberg, dont il se faisait le défenseur orthodoxe.

7. Ernest Bour, chef d'orchestre français (né en 1913). Chef de l'Orchestre symphonique du Südwestfunk à Baden-Baden entre 1964 et 1967, il le dirige à Paris lors des concerts organisés par le Domaine musical.

8. Doda Conrad (né en 1905), chanteur, fils de Marya Freund.

9. Les *Brettl-Lieder* de Schoenberg. Voir lettre n°4, note 15.

10. Franz Wedekind, auteur dramatique allemand (1864-1918). Chef de file de l'expressionnisme allemand, créateur entre autres du personnage de Lulu. Le poème en question s'intitule *Galathea*.

11. Gustav Falke. Poète allemand (1853-1916). Le poème est intitulé *Nachtwandler*.

12. Cf. lettre 4, note 16.

13. Dans le cadre du Festival de Salzbourg, où Maurice Béjart a créé sa chorégraphie pour *Noces* et redonné celle du *Sacre du printemps*.

14. Adès, Domaine musical, MA 30 LA 541 et MA 30 LA 1003.

15. Allusion au *Socrate* d'Erik Satie (1866-1925), pour 1 ou 4 sopranos et orchestre de chambre, composé en 1918 sur une traduction de Victor Cousin (1792-1867) : «Il lui serra ensuite les jambes, et portant ses mains plus haut il nous fit voir que le corps se glaçait et se raidissait, et le touchant lui-même il nous dit que, dès que le froid gagnerait le cœur, alors Socrate nous quitterait. Alors se découvrant Socrate dit : "Criton, nous devons un coq à Esculape ; n'oublie pas d'acquitter cette dette."»

16. Cf. lettre n°4. «Nous savons que chez les Ibo (près de l'ancien Bénin) aucun homme ne pouvait voir le grand tambour de bois – l'un des principaux autels de la Terre-Mère – s'il n'avait coupé une tête humaine et ne l'avait présentée au tambour : les têtes roulaient dans la cavité. [...] là encore nous revenons à un parallèle entre le tambour de bois et la pirogue, à laquelle étaient suspendues des têtes ; et nous pouvons nous demander si les grands tambours *à membrane* de la Côte d'Ivoire, dont le haut de la caisse porte des hémisphères crâniens, véritables ou sculptés, et ceux-ci entourés d'un filet de pêche, ne témoignent pas quelque parenté avec le canot. – La construction ou même l'entretien du tambour peuvent

exiger que du sang, et particulièrement du sang humain, soit versé sur la caisse ou sur la membrane ; d'où des rites spéciaux de sacrifice... » (André Schaeffner, *Origine des instruments de musique, op. cit.*, p. 121).

———————

9.
ANDRÉ SCHAEFFNER À PIERRE BOULEZ

Dimanche 28. 10. 62

Mon cher Boulez,

Je reprends votre formule : « Le temps ne fait rien à l'affaire ! » Votre lettre (qui, entre parenthèses, n'était pas datée) a dû m'arriver trois ou quatre jours avant que je parte pour la Grèce et Istanbul. Or, j'avais encore à terminer, ou à revoir de près, un article que ce pauvre Guy Dumur attendait avec combien d'impatience pour son volume de la Pléiade sur le Spectacle [1]. Puis, à mon retour, j'ai eu à m'occuper de ma communication au Colloque Debussy [2]. Bref, je n'ai pas répondu à votre lettre, je ne vous apprends rien !

Je n'ai donc pu vous donner mon opinion sur votre article : *Dire, chanter, jouer.* Mais je le lirai attentivement quand il sera imprimé, et je vous parlerai par la suite. Mon opinion ne compte guère en l'affaire ; vous avez maintenant bien réfléchi là-dessus et j'avais beaucoup apprécié votre notice sur *Pierrot.*

N'ayez aucune crainte, j'ai bien reçu le disque du *Pierrot* ; je l'avais entendu lors du prix Charles Cros [3], mais je l'ai encore beaucoup plus apprécié depuis, d'autant que j'ai sérieusement fait améliorer ma chaîne d'audition (le nouvel ampli Clément et la nouvelle tête de pick-up du même Clément). L'enregistrement est parfait ; pour le coup, chez moi, on a l'impression du fameux « théâtre de chambre ». Je considère que c'est votre meilleur disque. Mais maintenant j'aimerais bien recevoir votre Strawinsky[4] ; est-il sorti ?

Max Deutsch. Le soir de votre concert Schoenberg, lui toujours si aimable, il a fait tout pour m'éviter durant l'entracte. Sans doute n'avait-il pas apprécié nos notices, et surtout la vôtre, et il s'attendait, si j'ose dire, au pire. Je ne suis pas surpris qu'il vous ait écrit deux lettres.

Autre histoire du même genre. Il y a quelques années, Wellesz[5] m'a certifié que Schoenberg avait toujours entretenu d'excellents rapports avec Mahler, alors que j'étais certain du contraire ; il y aurait eu des scènes épiques entre eux.

En effet, l'interprétation de Milhaud était, comme vous dites, « quelque chose d'assez coquin ». Il y eut même une histoire d'erreur de clé (j'ai oublié laquelle) et dont personne ne s'était aperçu.

Très intéressé par ce que vous me dites des lieder composés par Schoenberg pour le fameux « Überbrettl ». L'auteur d'un des poèmes serait Gustav Falke ; je sais seulement qu'il habitait Lubeck et vient à la suite de Liliencron[6] et Dehmel[7], eux-mêmes à la tête du nouveau mouvement poétique allemand, pas mal influencé par nos symbolistes. Wedekind est du bord opposé.

Je ne puis en quelques lignes discuter avec vous au sujet de *Noces*. Remarquez que je partage un peu votre avis. Si vous avez lu la notice que j'ai faite pour votre disque Strawinsky[8], voyez entre les lignes ce que je pense de «l'arrondissement des angles», et qui tient – je crois – à la forme instrumentale adoptée en dernier. La partition que j'ai connue d'abord (piano 2 mains et chant) laisse apercevoir ce qu'aurait été l'œuvre si Strawinsky en était resté à la formule originale, grand orchestre et chant. Il sera intéressant plus tard d'examiner les premières pages orchestrées vers 1917 ; Igor a dû certainement les conserver. A-t-il craint de refaire le *Sacre* ? Vous ne serez probablement pas de mon avis, mais la plupart des ré-instrumentations qu'il a faites de ses œuvres marquent un recul par rapport à la version originale – y compris les *Symphonies d'instruments à vent*. Un certain mordant s'y est perdu. Il est curieux que dans ses comparaisons revienne toujours l'image de la «Rolls Royce», dont le glissement silencieux l'a hanté. Jusqu'à Marcelle Meyer[9] qui était une «Rolls Royce», alors que cette pianiste n'a jamais brillé par la douceur de son toucher !

Patientez encore pour les tambours-de-bois. J'ai dû stopper la commande, je n'étais pas très sûr que le facteur de là-bas (j'entends : le fabricant) avait bien compris quel genre d'instrument on désirait. On aurait pu voir arriver, en guise de pirogue, un ballon dirigeable ou une patinette. Or comme quelqu'un de sûr[10] doit aller en Oubangui[11], il vaut mieux profiter de ce voyage. Je m'excuse de ce retard, mais je n'avais pas oublié. – Ma femme[12] est revenue ce matin de Côte d'Ivoire et a entendu de merveilleux tambourinaires. Quelqu'un (un musicien de Bâle) a pu faire des enregistrements[13].

J'ai eu la surprise, mais c'est une autre histoire, de voir et d'entendre à Istanbul la vieille musique du Sultan : costumes invraisemblables, les petites timbales turques, etc. On se serait cru revenu au temps de *L'Enlèvement au sérail*[14]. La musique n'était pas toujours d'un grand intérêt, mais tous les musiciens étaient excellents et surtout le spectacle était extraordinaire. Imaginez une turquerie du XVIIIe siècle représentée devant une guinguette des bords de la Marne. J'ajoute que cela se passait devant un mess d'officiers qu'on inaugurait... Vive l'armée ! Mais comme il n'y a pas toujours des mess à inaugurer, de quoi peuvent vivre ces pauvres types, qui n'ont même pas la ressource de faire du jazz ?

Quand nous ferez-vous entendre la version définitive de *Pli selon pli*[15], dont un ami d'André Souris[16] dit des merveilles ? Je voudrais aussi connaître *Visage nuptial*[17]...

Je vous verrai un instant mercredi soir. Excusez cette lettre écrite à la six-quatre-deux. Rien de plus éreintant que de suivre tout un colloque[18]. À ce propos, Françoise Gervais[19] a été très courageuse et a tenu tête aussi bien à Chailley[20] qu'à Ansermet[21] : est-ce que vous saviez que le nommé Chailley a pris la direction de la Schola ? Il ne manquait plus que cela.

À mercredi. Toutes mes amitiés.

Schaeffner

1. Cf. lettre n° 5, note 2.

2. « Claude Debussy et ses rapports avec la peinture », paru dans *Debussy et l'évolution de la musique au xxᵉ siècle*, Paris, CNRS, 1965, p. 151-162, repris dans *Essais de musicologie...*, *op. cit.*, rééd. in *Variations sur la musique*, *op. cit.* (Cf. *infra* note 18).

3. Cf. lettre n° 6, note 5. André Schaeffner était membre de l'Académie Charles Cros, qui décerne des prix aux meilleurs disques de l'année. Les notices d'André Schaeffner et de Pierre Boulez (« Notes sur le *Sprechgesang* » rééd. *in Relevés d'apprenti*, *op. cit.*, p. 262-272) y sont reprises dans une plaquette insérée dans la pochette.

4. Cf. lettre n° 8, note 14.

5. Egon Joseph Wellesz (né en 1905), musicologue et compositeur autrichien. Il fut élève de Schoenberg.

6. Baron Detlev von Liliencron, écrivain allemand (1844-1909). Ses brefs récits qui ressemblent à des ballades en prose inspirèrent notamment Rainer Maria Rilke.

7. Richard Dehmel, poète lyrique allemand (1863-1920). Il fut un temps considéré comme précurseur des expressionnistes. Son poème *Verklärte Nacht* (La Nuit transfigurée) aura servi d'argument au sextuor du même titre de Schoenberg (1899).

8. Cf. lettre n° 8, note 14. « Strawinsky. Œuvres des années 14-20 » *(Renard, Trois Pièces pour quatuor à cordes, Concertino, Symphonies d'instruments à vent).*

9. Marcelle Meyer, pianiste française (1897-1958), élève d'Alfred Cortot et de Ricardo Viñès, amie des musiciens du groupe des Six.

10. J.-C. Paulme, le père de Denise Paulme, épouse d'André Schaeffner.

11. République Centrafricaine.

12. Denise Paulme-Schaeffner (née en 1909), ethnologue française, dirigeait avec Michel Leiris le département d'Afrique noire du musée de l'Homme de 1937 à 1961. Elle a publié de nombreuses études, notamment sur les

peuples Kissi et Baga. Parmi ses publications : *Les Gens du riz : Kissi de la Haute-Guinée*, Paris, Plon, 1954 et *La Mère dévorante. Essai sur la morphologie des contes africains*, Paris, Gallimard, 1976, rééd. 1986.

13. Probablement Hugo Zemp (né en 1937), ethnologue, actuellement chercheur au CNRS. Il a réalisé deux disques dans lesquels figurent des enregistrements des tambourinaires de Côte d'Ivoire effectués en septembre 1962 : « Percussions de Côte d'Ivoire » (Disques Alvarès c 488 – productions de la « Boîte à musique » et « An Anthology of Africain Music – the Music of the DAN » (Unesco Collection – Bärenreiter – Musicaphon BM 30 l 2301).

14. L'opéra de Mozart (1782) faisant usage de la célèbre musique des « Janissaires », à l'origine de nombreux instruments de percussion de l'orchestre symphonique, et dont la particularité turque était destinée à rehausser le pittoresque des partitions orientalisantes.

15. L'histoire de la genèse et des révisions de *Pli selon pli* demanderait à elle seule tout un chapitre. Depuis les deux premières *Improvisations* (1957), l'œuvre a connu des ajouts et des révisions successifs. Une audition parisienne de la totalité des pièces a été donnée le 15 mars 1961, avec la version pour soprano et piano de *Don*, et une version partielle de *Tombeau*. La création de la version « définitive » de 1962 a été donnée à Donaueschingen le 20 octobre 1962, sous la direction de Pierre Boulez, (cf. Robert Piencikowski : *Inventare des Paul Sacher Stiftung. Pierre Boulez Musikmanuskripte*, Winterthur, Amadeus, 1988 ; et Theo Hirsbrunner : *Pierre Boulez und sein Werk*, Laaber, Laaber-Verlag, 1985, p. 227 et 228). Cf. lettre n° 5, note 9 et lettre n° 13.

16. André Souris, chef d'orchestre, compositeur et musicologue belge (1899-1970). Fondateur de la revue *Polyphonies* (1947-1954), il organise des concerts de musique contemporaine à Bruxelles et y fait jouer pour la

première fois la *Sonatine pour flûte et piano* de Pierre Boulez. Par la suite, il commande des articles à Pierre Boulez pour la revue et ils entretiennent des fréquents contacts (cf. lettres nᵒˢ 26, 27).

17. *Le Visage nuptial.* Texte de René Char (1946-1951 / 53-1988 / 89), Éditions Heugel.

18. Il s'agit du colloque organisé par le Centre national de la recherche scientifique ayant eu lieu du 24 au 31 octobre 1962, sur le thème « Debussy et l'évolution de la musique au XXᵉ siècle » (cf. *supra* note 2).

19. Françoise Gervais, musicologue, professeur à l'École normale supérieure, fait au cours du colloque une communication sur « Debussy et la tonalité ».

20. Jacques Chailley, musicologue et compositeur français (né en 1910). Président de nombreuses institutions musicales, notamment du Comité national de la musique (1963-1966). Il dirige la Schola cantorum de 1962 à 1981. C'est lui l'organisateur du colloque en question et il y fait une communication, « Apparences et réalités dans le langage de Debussy » le même jour que Françoise Gervais et Ernest Ansermet.

21. Ernest Ansermet, chef d'orchestre suisse (1883-1969). Après s'être fait le promoteur de la musique de son temps, il s'est résolument montré hostile à l'évolution prise par la nouvelle musique au lendemain de la Seconde Guerre mondiale. Son ouvrage *Les Fondements de la musique dans la conscience humaine* (Neuchâtel, La Baconnière, 1961, rééd. Paris, Laffont-Bouquins, 1989) s'est voulu la démonstration psychophysiologique et acoustique de la pérennité du sentiment tonal, en opposition avec la suspension des fonctions tonales et le dodécaphonisme de l'école de Vienne. Sa communication, intitulée « Le langage de Debussy », est reprise dans ses *Écrits sur la musique*, Neuchâtel, La Baconnière, 1971, p. 197-209. La véhémence et le niveau des propos tenus pendant ce colloque expliquent la remarque d'André Schaeffner : « Mlle Gervais croit devoir

insister sur le fait que Debussy est mort en 1918 et que la musique a continué depuis, avec Schoenberg, Alban Berg, Webern, Pierre Boulez dont les œuvres sont très chromatiques. Elle se demande ce que vient faire une importance entre un *fa dièse* et un *sol bémol* par exemple dans le deuxième mode à transposition limitée d'Olivier Messiaen, il n'y a pas d'*enharmonie*. M. Ansermet faisant allusion aux compositeurs sériels, répond catégoriquement : "Je ne connais pas ces musiciens !" […] À la suite de la remarque de Mlle Gervais qui précise que les "dodécaphonistes existent quand même", M. Ansermet ajoute que ces derniers font une "autre musique" et se demande ce que l'on peut éprouver à l'audition de la musique sérielle ; leur art des sons n'obéit plus aux lois qui régissent l'organisation des sons dans la musique "naturelle" (au sens humain). Le problème réside dans le fait que l'émotion que l'on éprouve à l'audition d'une œuvre dodécaphonique n'est pas identique à celle ressentie à l'écoute d'une œuvre tonale. M. Ansermet rappelle que la loi tonale fait de la musique un langage clair et universellement communicable » (*Actes du colloque international du C.N.R.S.* sur « Debussy et l'évolution de la musique au XXᵉ siècle », études réunies et présentées par Mlle Édith Weber, Paris, C.N.R.S., 1965).

1 O.

PIERRE BOULEZ À ANDRÉ SCHAEFFNER

dactylographiée

Pierre Boulez
Baden-Baden
Kapuzinerstr. 9

Le 7-12-1962

Monsieur
André Schaeffner
35, rue de la Fontaine-à-Mulard
Paris 13ᵉ

Cher ami,
Juste un mot très bref, en attendant de répondre plus longuement à votre lettre.
Êtes-vous à Paris, le 12 décembre ? J'aimerais pouvoir, après le concert[1], vous rencontrer chez Mme Tézenas[2], ne serait-ce qu'une demi-heure pour parler avec vous d'un problème qui m'occupe pour le futur. Voici en bref de quoi il s'agit :
J'aimerais savoir de quelle manière, et jusqu'à quel point les Africains se servent de l'onomatopée et du bruit vocal en général dans les cérémonies que vous avez pu observer[3]. Si vous aviez des documents à l'appui, j'aimerais bien en connaître les sources pour pouvoir les acheter.
J'espère que ce problème ne vous paraîtra pas trop saugrenu mais je vous expliquerai pourquoi il me

préoccupe. Si cela vous embête d'aller chez Mme Tézenas, venez sur le plateau de l'Odéon tout de suite après le concert, nous trouverons bien une demi-heure pour parler de cela.

En attendant une nouvelle nuit aux Halles (je la réserve pour un séjour en juin) je vous envoie mes meilleures amitiés.

P. B.

1. Concert organisé par le Domaine musical, avec l'Orchestre du Südwestfunk sous la direction d'Ernest Bour, avec Maria Bergmann au piano. Œuvres d'Éloy, Stravinsky, Henze, Serocki, Schoenberg.

2. Suzanne Tézenas est une figure essentielle du milieu artistique et mondain, et du milieu musical en particulier, des années cinquante, ayant organisé le mécénat des concerts du Petit Marigny et du Domaine musical, dont elle deviendra présidente. Elle a tenu un salon où elle reçut entre bien d'autres Pierre Boulez, André Schaeffner, Pierre Souvtchinsky, John Cage, Gilbert Rouget, et aussi Miró, Giacometti, Michel Butor, André Masson, Henri Michaux. C'est dans son salon que Pierre Boulez introduisit John Cage au milieu européen, en 1949 (cf. Pierre Boulez-John Cage, *Correspondance, op. cit.*, texte de présentation).

3. Cf. André Schaeffner, « Origines corporelles », chapitre premier d'*Origine des instruments de musique, op. cit.*, p. 13-35.

11.

ANDRÉ SCHAEFFNER À PIERRE BOULEZ

Paris, 19 juin 1963

Mon cher Boulez,

Voici donc. Vous excuserez d'abord certains faux départs ; n'en accusez que votre serviteur qui, ce jour-là, fut particulièrement maladroit. Odile Vivier aurait été là qu'elle aurait purifié tout cela. Mais elle est en Camargue à écouter les oiseaux[1] !

Certaines copies sont faites d'après d'anciens disques (l'un des enregistrements remonte à 1931)[2], ainsi s'expliquent divers bruits de fond, etc. J'aurais pu mieux filtrer, mais au détriment aussi des timbres originaux.

Les enregistrements sont *africains*, donc pas seulement nègres. L'un d'eux est touareg (la berceuse n° 1), plusieurs sont pygmées (5 et 6). Je ne sais si l'ensemble vous conviendra, il y a de tout ; onomatopées, bruitismes vocaux, jodeln, sifflets oraux (n° 9) ; mais en plus, du langage parlé ou chanté, parfois indiscernable du reste. En certains cas j'ai préféré ne pas couper et vous donner la matière telle quelle, où vous aurez à boire et à manger.

1. Berceuse touareg (région de Tamanrasset)[3] ;
2. Togo, chant pour demander la pluie[4] ;
3. Dahomey, formules mnémoniques de rythmes tambourinés[5] ;
4. Bantou d'Afrique du Sud ;

5. Pygmées de la Haute Sangha, chants ioulés de femmes[6];

6. *Ibid.*, rituel de chasse ;

7. Afrique équatoriale, chant d'enfants accompagnant un jeu[7];

de 8 à 11, également Afrique équatoriale. Le n° 11 est entièrement pris à un rituel funéraire (vous aurez ainsi l'idée de la composition d'un rituel vraiment nègre), la fin est simplement un chant de pleureuse. Je n'ai pas eu le temps de séparer les différentes parties par des amorces ; vous le ferez faire là-bas. Les silences sont suffisamment longs pour qu'on s'y reconnaisse. Toutefois attention au n° 11, lui-même comportant des silences, parfois troublés par des grésillements d'insectes ; le chant de la pleureuse vient tout à la fin. J'ai l'impression que ce chant, quant au timbre de la voix, est un emprunt aux Pygmées, mais à des hommes pygmées : ceci dit sous réserve. L'un des chants des n°ˢ 8, 9, ou 10 (j'ai oublié lequel) est obtenu en chantant devant l'embouchure d'une bouteille : essayez vous-même !

Le tout est en *38* cm-seconde, *simple piste.*

N'ayant pas eu de coup de téléphone de vous, et sauf un contre-ordre de la dernière heure, je ferai déposer cette lettre et la bande 11 rue de Luynes[8]. Vous les aurez avant votre départ.

Je ne sais quand nous nous reverrons. Si vous repassiez par Paris entre le 14 juillet et le début de septembre, sachez que j'y suis et aurais plaisir à vous rencontrer.

Bien amicalement vôtre

Schaeffner

Inutile que je vous dise que votre concert[9] fut magnifique.

1. Odile Vivier, élève d'Olivier Messiaen. Elle publiera plus tard un livre sur Edgar Varèse (Paris, Éditions du Seuil, collection « Solfèges », 1973).
2. Nous devons à Gilbert Rouget tous les renseignements concernant ces enregistrements. Le premier séjour d'André Schaeffner en Afrique (du Mali jusqu'au Cameroun) avec la Mission Dakar-Djibouti dirigée par Marcel Griaule a eu lieu en 1931, mais il en a rapporté des cylindres que l'on n'avait pas les moyens de faire écouter en 1962. Gilbert Rouget les a fait transférer sur bande aux États-Unis seulement aux environs de 1975. L'enregistrement de 1931 et les « anciens disques » dont parle André Schaeffner sont ceux de l'Exposition coloniale (Paris, Vincennes, 1931), édités par l'Institut de Phonétique.
3. Provenant des enregistrements d'Henri Lhote et Alain Joset (1948), éd. musée de l'Homme par les soins de Gilbert Rouget.
4. Disque de l'Exposition coloniale *op. cit.*, n° 3517, numéro d'archivage en 1932 au musée de l'Homme : D 32. 1.151.
5. Disque « Dahomey. Musique des princes ». Enregistré par Gilbert Rouget en 1952, édité par Vogue-Contrepoint, MC. 20.093, 1954.
6. Disque « Musique pygmée de la Haute Sangha ». Enregistré en 1946 par Gilbert Rouget et Alain Didier au cours de la mission Ogooué-Congo, « Boîte à Musique » BAM, LD 32 5.
7. *Ibid.*, 1946, disque « Musique Bantou d'Afrique équatoriale », Boîte à Musique, BAM, LD 324, 1958 (Collection du musée de l'Homme), disque microsillon 33 tours, 25 cm.

8. Adresse parisienne des parents de Pierre Boulez.
9. Au Théâtre des Champs-Élysées le 18 juin 1963, au cours duquel Pierre Boulez a dirigé *Le Sacre du printemps* d'Igor Stravinsky. Un enregistrement en a été réalisé pendant les répétitions et édité par la Guilde internationale du Disque, avec un texte de présentation d'André Schaeffner.

---

1 2 .

ANDRÉ SCHAEFFNER À PIERRE BOULEZ

Samedi 2 novembre 1963

Cher ami,
Simplement quelques lignes pour vous annoncer que *vous aurez votre pirogue*[1]… Vous pouvez d'ici là vous exercer les muscles.

L'ami qui m'a procuré en 1956 les tambours-de-bois[2], dont vos deux sympathiques « xylophonistes »[3] ont joué l'autre jour dans mon département, retourne en janvier prochain sur les lieux mêmes. Sans doute retrouvera-t-il le « facteur » de ces instruments, sinon un homme tout aussi capable de les fabriquer.

Cela aura pris du temps, je m'en excuse ; mais comme je vous l'ai déjà écrit, je voulais être sûr qu'on ne nous envoie pas de là-bas un tambour d'un type tout différent (du reste s'agit-il d'une paire, mâle et femelle, donc quatre hauteurs différentes). J'ai trop l'expérience du terrain pour savoir qu'en pareille matière seules comptent les relations personnelles.

Que la même personne revienne au même endroit et reparle du même objet est une garantie. L'ami en question baragouine la langue du pays ; il sait le nom des choses et se rappelle les gens. Aucune raison qu'on le trompe ou lui fasse grise mine.

C'est autre chose que l'Unesco ou le Conseil dit « international » de la musique ! À ce propos je vous avoue avoir été déçu par les Hai-Kaï de Messiaen[4]; voilà où conduisent les rencontres Orient-Occident. Nous en reparlerons.

Je crains que vous n'ayez pas entendu, cet été, à Paris (pas à l'Unesco), les splendides xylophones du Cameroun[5], non pas composés de lames mais de véritables bûches à même posées sur deux troncs d'arbre. Cela sonnait magnifiquement. Avec quatre joueurs, sans parler des gosses qui s'employaient à remettre en place les bûches constamment en balade. Du reste tout le spectacle était magnifique, non entaché de folklore touristique ni de syncrétisme unesquiste.

Je m'excuse encore de la bande que je vous ai envoyée. A-t-elle pu tout de même vous rendre service ?

Toutes mes amitiés

Schaeffner

Je vous recommande le dernier disque de Duvelle, publié par l'ex-Sorafom : *Musiques dahoméennes*[6].

1. Cf. lettres n⁰ˢ 4, 8, 9 et 13.
2. Cf. lettre n° 9, note 10.
3. Probablement deux membres des Percussions de Strasbourg.

4. Les *Sept Haï-Kaï* pour piano, xylophone, marimba et petit orchestre (1962) d'Olivier Messiaen (1908-1992) furent créés par le Domaine musical le 30 octobre 1963.
5. Selon Gilbert Rouget, il s'agit sans doute du spectacle que donna du 10 au 13 juillet au Théâtre Sarah Bernhardt (devenu le Théâtre de la Ville) une troupe (Ballet national du Cameroun) réunie par Alain Gheerbrand.
6. Charles Duvelle, *Musiques dahoméennes*, OC17. Collection Radiodiffusion Outre-Mer. Musiques Nago, Fon, Mahi, Somba, Taneka, Bariba, Dompago, Yowabou, Dendi, Taneka, Bariba, enregistrées pour la plupart en 1962 et 1963. Cf. Charles Duvelle : « Rencontre avec André Schaeffner » *in Les Fantaisies du voyageur*, Paris, Société française de musicologie, 1982, p. 366-380.

13.

PIERRE BOULEZ À ANDRÉ SCHAEFFNER

manuscrite ; carte postale. timbre de la poste :
Baden-Baden, 20. 2. 64.

« Pablo Picasso
« Mandoline et Guitare
« Juan-les-Pins 1924 »

Le temps des guitares et mandolines (voir *Pli selon pli*[1]) n'est pas tout à fait passé.
Mais celui des pirogues[2] vient !...
Cher ami, pourrai-je bientôt naviguer sur ces superbes pirogues ? Amicalement
P. B.

Monsieur André Schaeffner
35, rue Fontaine-à-Mulard
Paris 13ᵉ
Frankreich

1. *Op. cit.* (lettres n° 5, note 9, et n° 9, note 15). La guitare et la mandoline sont employées dans *Don, Improvisation I selon Mallarmé, Improvisation III selon Mallarmé.* Dans *Tombeau* la guitare est également utilisée.
2. Cf. lettres nᵒˢ 4, 8, 9 et 12.

14.

PIERRE BOULEZ À ANDRÉ SCHAEFFNER

dactylographiée, entièrement en caractères minuscules
timbre de la poste : Bayreuth, 10. 8. 66.

Cher ami,

Merci de votre lettre « parsifalienne [1] ». Je réponds à votre adresse de Paris, car je n'ai pas trouvé ni sur la lettre, ni sur l'enveloppe votre adresse de Cannes. Mais je suis sûr que le courrier vous suit.

Figurez-vous que la réaction allemande [2] a été excellente, bien meilleure que tout ce à quoi je pouvais m'attendre. (Vous n'en trouverez guère trace dans la presse française, à part Rostand [3] qui était venu pour la première ; les autres étant occupés par les fanfreluches décoratives du *Pelléas* d'Aix [4]... Et, d'autre part, à cause de mon « germanisme » outrancier, et de mes réactions vis-à-vis de Malraux et du valet-de-chambre aux beaux-sons dont il s'est affublé[5], ou plutôt affligé, je ne suis pas en odeur de sainteté dans les milieux musicaux français ; et je vous dirai d'ailleurs que je m'en fous !)

La réaction allemande était excellente peut-être parce qu'ils s'attendaient au pire ???!

C'est bien le deuxième acte que j'ai le plus remué, car toute idée de « célébration » me paraît complètement aberrante quand on songe à ce deuxième acte... ou alors, il s'agit de la célébration d'une messe noire ! (ce que j'ai d'ailleurs essayé au début et à la fin de ce deuxième acte). Quant aux filles-fleurs, je les traitées, si je puis dire, en virtuose ! Entendons-nous : je considère cette pièce comme une sorte de valse-caprice d'influence lisztienne, je crois que c'est la seule façon de la faire passer ! car si vous forcez la note, il ne faut pas aller bien loin pour trouver *Rosenkavalier* et ses valses à la crème...

Quant à la distribution, elle n'est pas idéale, loin de là ! Seul Amfortas m'a pleinement satisfait ; ce sera le seul que je garde pour l'année prochaine. Les autres sont trop âgés, la voix n'a plus aucune fraîcheur (spécialement pour la Kundry du deuxième acte, c'est terriblement important) ; ou ils sont trop marqués par un style vocal et un style de jeu qui sentent leur « tradition » ; ou encore, s'ils sont bons vocalement, il leur manque une certaine ampleur de conception, et, disons-le, une certaine intelligence pour jouer des rôles complexes[6]. Je vous joins un article qu'on m'a donné hier. Si tous ne sont pas aussi radicaux dans l'éloge, les articles se montrent finalement satisfaits que l'on ait pris en main *Parsifal*, et non pas qu'on ait seulement « hérité ». J'ai toujours trouvé d'ailleurs, aussi dans le domaine contemporain, cette attitude de dérobade et en même temps de désir de la nouveauté. Le public, en général, me donne toujours l'impression d'être, pour sa plus grande part, comme les pigeonnes dans les squares. Quand un mâle veut s'attaquer à elles, elles fuient éperdument, mais raisonnablement, pour ne pas perdre de vue le conquérant ! Ainsi en est-il de la nouveauté : on la redoute, et on l'appelle...

Maintenant, les représentations « suivent leur cours », et je suis en plein travail de composition[7] ; mais je ne peux pas dire que le dieu Richard Wagner a encore irradié son sacre[8] sur ma musique... peut-être la véritable irradiation demande-t-elle plus de temps ?

J'espère que vous poursuivez de bonnes vacances, et que vous avez meilleur temps qu'ici !

Aujourd'hui est la seule journée de beau temps ; depuis un mois, c'est peu !

Croyez à mon bien amical souvenir

P. B.

1. Cette lettre n'a pas été conservée.

2. Il s'agit des réactions du public et de la critique allemands aux représentations de *Parsifal* à Bayreuth, dirigé par Pierre Boulez en août 1966.

3. Claude Rostand, critique musical et musicographe (1912-1970). Il publie dans *Le Figaro littéraire* du 4 août 1966 et du 8 septembre 1966 deux articles élogieux à propos de la prestation de Pierre Boulez. Il y a eu d'autres articles de

presse, plus tardifs, à propos de cette production : Jacques Lonchampt dans *Le Monde* du 28-29 août ; Maurice Fleuret dans *Le Nouvel Observateur* du 31 août au 6 septembre, et Antoine Goléa dans *Musica* de septembre-octobre 1966, p. 23.

4. Produit dans le cadre du Festival d'Aix-en-Provence d'août 1966 et repris en 1968. Direction musicale de Serge Baudo et mise en scène de Jacques Dupont.

5. André Malraux (1901-1976), ministre des Affaires culturelles depuis 1958, avait nommé Marcel Landowski, compositeur français (né en 1915), directeur de la Musique au ministère des Affaires culturelles en avril 1966, et séparé la direction de la Musique des autres Affaires culturelles. Émile Biasini, jusqu'alors directeur du Théâtre, de la Musique et de l'Action culturelle, venait d'avoir une série de rencontres avec Pierre Boulez, alors président d'honneur du syndicat des artistes musiciens de Paris, en vue d'un projet de modification et restructuration des institutions musicales françaises. La décision d'André Malraux suscitera une véhémente opposition de la part de Pierre Boulez et de nombreux musiciens : « […] Cette personnalité de M. Landowski est déjà fort peu réjouissante (je suppose que vous ne seriez jamais arrivé à l'idée de confier la peinture à M. Lorjou). Mais bien plus que d'une option artistique rétrograde, il s'agit là d'un choix qui va à l'encontre de l'évolution de la vie musicale en général. Je veux dire que délier la musique de la vie culturelle me paraît enfermer définitivement musique et musiciens dans un ghetto non seulement démodé, mais asphyxiant. Vous fermez la porte sans rémission à tout renouvellement fondamental des structures en favorisant un conservatisme et une myopie qui ont été, jusqu'à présent, des plus préjudiciables à la vie musicale en France.

« D'ailleurs, je ne pense pas que ce soit le fait du simple hasard de rencontrer parmi les défenseurs d'une séparation de la musique et de l'action culturelle les esprits les plus timorés, pour ne pas dire les plus réactionnaires, dans la musique de notre temps...» (lettre à André Malraux, inédite, avril 1966, conservée dans les archives de la Fondation Paul Sacher). À la suite de cet événement, Pierre Boulez publiera également un article intitulé « Pourquoi je dis non à Malraux» dans *Le Nouvel Observateur*, 25-31 mai 1966 (repris *in Points de repère*, 1981, *op. cit.*, p. 481-484).

6. La distribution était la suivante : Astrid Varnay – Kundry (elle se produisait au festival de Bayreuth depuis 1956), Thomas Stewart – Amfortas, Sandor Konya – Parsifal, Gustav Neidlinger – Klingsor, Kurt Böhme – Titurel, Joseph Greindl en alternance avec Hans Hotter – Gurnemanz. Voir aussi la lettre de Pierre Boulez à Wieland Wagner du 24 juillet 1966, publiée dans le programme *Parsifal* du festival de 1973, rééditée *in Points de repère*, 1981, *op. cit.*, sous le titre «Parsifal : la première rencontre» et le texte de Pierre Boulez pour le programme, «Chemins sur *Parsifal*», repris dans la pochette du disque DG 2740 143.

7. *Éclat/Multiples* (1966-1970). La première partie, *Éclat*, avait été créée le 26 mars 1965 à Los Angeles, puis en France au Domaine musical le 16 novembre 1966. L'écriture d'*Éclat/Multiples* s'est étalée sur plusieurs années ; sa création a eu lieu à Londres le 21 octobre 1970.

8. «... Trompettes tout haut d'or pâmé sur des vélins, / Le dieu Richard Wagner irradiant un sacre / Mal tu par l'encre même en sanglots sibyllins», Stéphane Mallarmé, « Hommage à Richard Wagner », *in Œuvres complètes*, Bibliothèque de la Pléiade, Paris, Gallimard, 1945, p. 71.

15.

ANDRÉ SCHAEFFNER À PIERRE BOULEZ

Dimanche 10 mars 1968

Mon cher Boulez,

J'irai à votre concert mercredi prochain[1] et viendrai vous serrer la main après, si du moins l'on peut vous approcher.

J'ai quelques remords à votre égard. L'été dernier j'étais à Cannes et j'aurais dû, comme je l'avais fait l'année précédente, vous écrire après avoir écouté votre *Parsifal* à Bayreuth[2]. L'exécution m'a paru encore plus belle que celle de 1966. Cette fois surtout le 3e acte qui ne m'avait pas entièrement satisfait – non à cause de vous mais de l'interprète du rôle de Parsifal, trop « siegfriedien » pour mon goût[3]. Peut-être serez-vous surpris de ce que je vais vous dire : vous avez pleinement réussi à *déchristianiser* l'œuvre, sans avoir pourtant commis le moindre sacrilège. Toute cette douteuse mysticité qu'on y a mise avait disparu. De plus, jamais l'orchestre n'a été aussi beau et ne m'a semblé autant répondre à ce qu'en dit Debussy. Du reste, lui aussi dans le *Saint Sébastien*[4] a su corriger tout ce que D'Annunzio y avait introduit de faux. Je n'ai point fait attention aux noms des interprètes, mais ceux-ci m'ont paru supérieurs à ceux de la première fois. J'ignore l'âge réel de la femme qui jouait Kundry, or sa voix plus jeune changeait l'équilibre de l'ensemble[5]. La radio a au moins l'avantage qu'on ne voit rien et imagine d'autant.

Excusez ces lignes hâtives, mais à tant tarder je ne vous aurais peut-être jamais dit la joie que vous m'avez causée.

Ci-joint un tiré à part d'une étude écrite en hommage à André Souris[6]. Vous en excuserez la pédante érudition ; je crois cependant y avoir mis quelque fantaisie. Je ne sais pourquoi elle m'a valu d'être comparé par Marius Schneider[7] à saint Antoine parlant au milieu d'un cercle de belles dames ! Pourquoi pas de cochons ?

À mercredi. Croyez à mon sincère regret de n'avoir plus l'occasion de bavarder avec vous. Amicalement vôtre

Schaeffner

1. Concert du 13 mars 1968 donné à la salle Pleyel au cours d'une tournée (27 février-21 mars 1968) avec l'Orchestre de la Résidence de La Haye. Pierre Boulez dirigea la *Symphonie* opus 21 et *Cinq Mouvements pour orchestre à cordes* opus 5 d'Anton Webern, et deux de ses œuvres : *Éclat* et *Figures, Doubles, Prismes*.

2. Pierre Boulez a dirigé *Parsifal* en 1966, 1967, 1968 et 1970. L'appréciation d'André Schaeffner porte sur son écoute de la retransmission radiophonique de l'œuvre.

3. Cf. lettre n° 14, note 6.

4. Musique de scène de Debussy pour *Le Martyre de saint Sébastien* (1911), de Gabriele D'Annunzio (1863-1938), créé le 22 mai 1911 au Châtelet par Ida Rubinstein, comédienne, danseuse et commanditaire de l'œuvre.

5. Il s'agit de Christa Ludwig, mezzo-soprano (Berlin, 1928).

6. Cf. lettre n° 9, note 16. L'article d'André Schaeffner s'intitule : « Variations sur deux mots : Polyphonie,

Hétérophonie». Repris *in Essais de musicologie...*, *op. cit,*
rééd. *in Variations sur la musique, op. cit.*

7. Musicologue allemand (1903-1982), auteur de «Le
rôle de la musique dans la mythologie et les rites des civilisations non européennes» (*Histoire de la musique*, t. I, Encyclopédie de la Pléiade, Paris, Gallimard, 1960). André
Schaeffner lui dédie le texte «Instruments de musique et
musique des instruments», repris *in Essais de musicologie...,*
op. cit, rééd. *in Variations sur la musique, op. cit.*

16.

PIERRE BOULEZ À ANDRÉ SCHAEFFNER

dactylographiée ; en tête du papier :
757 baden-baden Kapuzinerstrasse 9

le 19 juillet 1968

Monsieur André Schaeffner
35, rue de la Fontaine-à-Mulard
75 – Paris (13ᵉ)

J'ai bien reçu au moment de mon arrivée à Paris
votre lettre de mars. Ce petit séjour était tout à fait en
coup de vent. J'ai pensé vous revoir en juin lors des
concerts que j'y devais donner, mais les événements[1]
en ont décidé autrement...

J'ai lu votre article sur Polyphonie et Hétérophonie[2], un sujet qui me tient particulièrement à
cœur. Si je reviens une fois à Paris, j'aimerais vous en

parler plus longuement. Mais quand reviendrai-je à Paris??

La conjoncture ne paraît pas extrêmement favorable à ce retour, puisque nos projets opératiques ont buté sur l'attitude politique de nos dirigeants[3].

Je pars pour Bayreuth dans quelques jours, mais je n'aurai pas, malheureusement, Christa Ludwig[4] comme Kundry. L'an passé j'avais pu réunir une distribution exceptionnelle que je n'aurai pas cette année. Je ne pense pas que j'aille très longtemps encore «déchristianiser» Parsifal; Wieland[5] n'étant plus là, le centre d'attraction a aussi disparu – la musique n'étant certainement pas en cause.

Bien amicalement à vous

Pierre Boulez

1. Il s'agit du mouvement social de mai 1968.

2. Cf. lettre 15, note 6.

3. Désireux de réformer le fonctionnement de l'Opéra de Paris, André Malraux avait demandé à Jean Vilar de lui faire des propositions. Le directeur du T.N.P. s'adjoignit Maurice Béjart et Pierre Boulez. Le rapport qu'ils rédigèrent demeura lettre morte. Jean Vilar a évoqué par la suite les conditions de cette collaboration : «J'ai été contacté en juillet 1967 à Avignon [...] par Pierre Moinot pour envisager une réforme de l'Opéra. L'Opéra? D'accord, mais à deux conditions, si Béjart accepte, si Boulez accepte. [...] Nous avons mis une année entière à établir un projet de réforme. Nous avons présenté un rapport très long et très complet : 800 pages! Elles ont été rédigées entre le 30 mai et le 8 juillet 1968. À ce sujet, je dois avouer mon étonnement – ma stupéfaction – devant l'indifférence qu'a rencontrée ce rapport, demandé par l'État lui-même

– par conséquent, par M. André Malraux – et qui ne fut jamais publié ni édité, alors que le gouvernement devait en débattre » (supplément au n° 51 de la revue *Musique*, octobre 1970, cité par Jésus Aguila, *Le Domaine musical, Pierre Boulez et vingt ans de création contemporaine*, Paris, Fayard, 1992, p.127). Voir également Dominique Jameux, *Pierre Boulez*, Paris, Fayard/Sacem, 1984, p. 186-189.
4. Cf. lettre n° 15, note 5.
5. Wieland Wagner, metteur en scène et décorateur (1917-1966), petit-fils de Richard Wagner, codirecteur du Festival de Bayreuth de 1951 à 1966, a invité Pierre Boulez à y diriger *Parsifal* en 1966.

---

1 7.

ANDRÉ SCHAEFFNER À PIERRE BOULEZ

Jeudi 3 octobre 1968
Cher ami,
Par mégarde ma concierge ne m'avait pas renvoyé votre lettre du 19 juillet que j'ai trouvée en rentrant de Cannes, il y a quelques jours. Tant pour des raisons de santé que de famille j'ai été pratiquement « hors du commerce » ces six derniers mois.

Je vous ai suivi par les journaux, mais j'étais à votre concert de mars[1], qui a été très beau, et ai entendu votre *Parsifal*[2]. Évidemment je regrette la Kundry de l'année précédente, mais dans l'ensemble ce fut magnifique, surtout votre orchestre. Permettez-moi de vous dire : il serait dommage que vous abandonniez Bayreuth. Outre que vous êtes le premier chef français à vous y être imposé, le sort de *Parsifal* et peut-être un jour de *Tristan* dépend de vous. Déjà à Paris votre absence se fait cruellement sentir. Excusez-moi de cette atteinte à votre vie privée. Nous ne sommes heureusement pas à Prague et je ne viens pas me mêler de vos « affaires intérieures »[3].

Hier je suis passé chez PAN[4] et ai acheté votre disque Berg[5]; je me réjouis de l'écouter ce soir. J'ai déjà lu votre notice.

Merci d'avoir lu mon article sur Polyphonie et hétérophonie[6]. Il n'est pas complet, faute de temps et de place. J'aurais bien d'autres choses à dire. Des critiques de votre part me seraient d'ailleurs précieuses.

J'espère pouvoir vous envoyer d'ici la fin de l'année deux tirés à part. L'un est une étude écrite pour Lévi-Strauss, *Communications imaginaires ou africaines*[7], où selon mes mauvaises habitudes je saute d'une matière à une autre. J'y parle à la fois de Rabelais (l'auteur favori de Lévi-Strauss), de Cyrano de Bergerac (le vrai !) et de la musique africaine. Mais je ne recommencerai plus pareille performance d'érudition. Vous excuserez le sujet de la seconde étude, car il y est question incidemment du jazz que vous détestez. Mais je voulais m'attaquer à certaines confusions que l'on fait entre la musique purement africaine, celle des Antilles et enfin la musique noire des États-Unis. Conclusion : je ne crois pas en la « négritude », invention des Noirs qui ne connaissent pas l'Afrique, et même la méprisent. Je doute que les historiens du jazz goûtent beaucoup ma mise au point[8].

Puisque vous êtes un grand « liseur » je vous recommande beaucoup trois et même quatre excellentes biographies que j'ai lues cet été : le *Gauguin* de

Françoise Cachin[9] (à la fois petite-fille de Signac[10] et du communiste[11]) ; les deux livres de Wagenbach, maintenant traduits, sur Kafka[12] ; enfin, si vous êtes un admirateur de Joseph Conrad, l'ouvrage d'une Américaine, Allen (j'ai oublié son prénom), sur *Les Années de mer de Joseph Conrad*[13]. Voilà comment on doit faire des biographies. Nous en sommes loin en musicologie... – À ce propos, je ne suis plus président de la Société française de musicologie[14]. La plaisanterie avait assez longtemps duré. Que les Chailley[15], Dufourcq, comtesse de Chambure[16], bibliothécaires de la Nationale s'arrangent entre eux. De tous les milieux que j'aurai fréquentés, c'est réellement le plus réactionnaire, que ce soit en art ou politique.

Question plus sérieuse : où en est votre « château » à Saint-Michel l'Observatoire[17] (je me trompe peut-être de saint) ? Nous avons heureusement fini d'installer notre délicieux appartement de Cannes dans un décor absolument exotique ; il ne nous reste plus qu'à résoudre un douloureux problème : les livres qu'on garde à Paris et ceux qu'on envoie à Cannes !!

Odile Vivier s'est mariée quelque part du côté d'Arles. Elle a épousé André Marchand. Elle termine en avance son livre sur Varèse[18].

Bien amicalement vôtre

Schaeffner

Je reste à Paris jusqu'à Noël. Je serai à Cannes pendant les vacances universitaires, dans la mesure où il existe encore une Université !

1. Cf. lettre n° 15, note 1.
2. Cf. lettre n° 15, note 2.
3. Le 21 août 1968, les troupes du Pacte de Varsovie avaient envahi la Tchécoslovaquie, mettant fin à l'expérience de libéralisation du régime communiste menée par Alexandre Dubček, et connue sous le nom de « Printemps de Prague ». Cette intervention fut largement condamnée comme une ingérence dans les « affaires intérieures » d'un État.
4. Disquaire domicilié au 184, boulevard Saint-Germain.
5. CBS US GB MS 7179. *Trois Pièces pour orchestre, Concerto de chambre* et *Altenberg Lieder.*
6. Cf. lettre n° 15, note 6.
7. Publié *in Échanges et communications. Mélanges offerts à Claude Lévi-Strauss* (La Haye, Mouton, 1970), t. I, p. 519-534, repris *in Essais de musicologie..., op. cit.,* rééd. *in Variations sur la musique, op. cit.*
8. « La musique noire d'un continent à l'autre » *in La musique dans la vie,* Paris, O.R.T.F., 1969, t. II, p. 9-23. André Schaeffner a également publié un volume en collaboration avec André Cœuroy, intitulé *Le Jazz,* Paris, Éditions Claude Aveline, 1926, rééd. Jean-Michel Place, 1988.
9. *Gauguin,* édité en 1968 par André Fermigier, Livre de poche illustré, rééd. Paris, Gallimard, 1988.
10. Paul Signac, peintre français (1863-1935).
11. Marcel Cachin (1869-1958) fut directeur de *L'Humanité* de 1918 à 1958.
12. Klaus Wagenbach : *F. Kafka. Les années de jeunesse (1883-1912),* Paris, Mercure de France, 1958-1967.
13. Jerry Allen : *Les Années de mer de Joseph Conrad,* traduit par Élisabeth Gille, Paris, Denoël, 1968.
14. Il a assumé cette fonction entre 1958 et 1968.
15. Cf. lettre n° 9, note 20.
16. Norbert Dufourcq, musicologue et organiste français (1904-1990), fut professeur d'histoire de la musique au Conservatoire national supérieur de musique de Paris de

1941 à 1975. Il assura la direction des ouvrages *La Musique des origines à nos jours* (Paris, Larousse, 1946), *La Musique : les hommes, les instruments, les œuvres* (Larousse, 1965) et, avec F. Raugel et A. Machabey, le *Larousse de la musique* (1957). Geneviève Thibault de Chambure (1902-1975), musicologue, spécialiste de la musique de la Renaissance, a réuni une importante collection d'instruments anciens dont elle a fait don au Conservatoire national supérieur de musique de Paris et qui constitue la base de l'actuel musée de la Musique. Elle fut nommée en 1961 conservateur du Musée instrumental du Conservatoire de Paris, et, de 1968 à 1971, assura la présidence de la Société française de musicologie.

17. Propriété de Pierre Boulez dans le Midi.

18. Cf. lettre n° 11, note 1.

––––––––––––––

18.

ANDRÉ SCHAEFFNER À PIERRE BOULEZ

Dimanche 6 octobre 1968

Cher ami,

Ceci est un addendum à ma précédente lettre. Sans doute dans ma hâte à répondre à une lettre de vous, qui a attendu plus de deux mois chez ma concierge, ai-je oublié de vous dire que mon numéro de téléphone avait changé. Notez-le sur vos tablettes : *588*.37.18, dans le cas où vous repasseriez par Paris et auriez le temps de me rencontrer.

Autre chose à vous dire : vous est-il tombé entre les mains un certain numéro du *Nouvel Observateur* du 2 septembre dernier ? Il contient une curieuse interview de René Leibowitz[1] par le sinistre Maurice Fleuret[2], non moins curieusement intitulée « Des jeunes trop pressés[3] ». Cher ami, vous êtes du nombre. Votre nom est d'ailleurs cité, et lorsque vous n'êtes pas nommé, il est clair pour ceux qui vous ont lu que c'est de vous qu'il s'agit. Il n'y a qu'à hausser les épaules, mais soyez au moins prévenu.

Fait que j'ai remarqué souvent, et depuis fort long-temps : c'est dans la presse dite de « gauche », ou qui se prend pour telle, que l'art ou la musique que l'on placerait à gauche est le plus déprécié. Du reste, à voir les événements les plus récents, on se demande si les termes de « gauche » ou de « droite » représentent encore quelque chose. Lisant chaque semaine *Le Nouvel Observateur* et *Le Figaro littéraire*, parfois je me demande si tel ou tel article paru dans l'un n'aurait pas mieux été à sa place dans l'autre... Vous me direz que j'ai bien du temps à perdre, en quoi vous auriez raison.

Bien amicalement vôtre

Schaeffner

1. Compositeur, chef d'orchestre, théoricien et péda-gogue (1913-1972). Grand propagandiste de la technique dodécaphonique et de la musique d'Arnold Schoenberg en France, il a publié notamment *Schoenberg et son école* (Paris, J. B. Janin, 1946) et *Introduction à la musique de douze sons* (Paris, l'Arche, 1949). Pierre Boulez a suivi des cours particuliers avec lui en 1945, mais ne tardera pas à expri-mer avec véhémence son irritation face à son enseigne-ment qu'il a jugé trop académique : « Leibowitz a dit, en critiquant la *Technique de mon langage musical* de Messiaen,

qu'on ne pouvait pas séparer le rythme de la polyphonie. Je m'étonne que celui qui a relevé tant de "lapalissades" dans ce livre ait énoncé une évidence de cet ordre. Car l'analyse des parties composantes d'une polyphonie oblige à dissocier pour un temps ces éléments pour essayer de les approfondir. Leibowitz lui-même ne s'est-t-il pas offert le luxe du ridicule en analysant – et de façon combien drôle ! – le rythme de tango employé par Berg dans la cantate *Le Vin* ! Nous partirons donc pour cette étude de l'enseignement reçu de Messiaen, le seul intéressant en la matière» («Propositions», *in Polyphonie*, 2ᵉ cahier, 1948 ; repris *in Relevés d'apprenti, op. cit.* p. 65). En 1952, dans «Éventuellement» (*La Revue musicale*, 1952 ; repris dans *Relevés d'apprenti, op. cit.* p. 147-182) il écrira : «Il semblerait que la plupart de nos contemporains n'aient pas conscience de ce qui s'est passé à Vienne avec Schoenberg, Berg et Webern. C'est pourquoi, bien que cela devienne fastidieux, il faut encore décrire, dépouillée de toute légende prophétique et de tout style exclamativement admiratif, la véritable démarche des trois Viennois. Les dodécaphonistes ne sont pas pour rien dans le malentendu existant à ce sujet. Organisant des *Congrès* – tels des spécialistes jouant à d'initiatiques cérémonies pour primaires timorés –, faussement doctrinaires, absurdement conservateurs, ils trônent, en stupides replets, pour la plus grande gloire de l'*Avant-garde*» (*ibid.*, p. 147-148). Le texte qui marque l'aboutissement de cette querelle est «Schoenberg est mort», publié en 1952 (*Relevés d'apprenti, op. cit.*, p. 265-272). Voir aussi «Expériences, Autruche et Musique», paru dans la *Nouvelle Revue française* n° 36, décembre 1955, p. 2174-6, repris dans *Points de repère, op. cit.*, 2ᵉ édition, p. 480-482.

2. Compositeur, critique musical au *Nouvel Observateur* de 1964 à 1981 (1932-1990). Directeur de la Musique et de la Danse au ministère de la Culture de 1981 à 1986. Fondateur, avec Henry-Louis de La Grange, de la Bibliothèque

musicale Gustav Mahler en 1986, où est actuellement
déposé le fonds André Schaeffner.
   3. À deux reprises, Leibowitz mentionne Boulez dans cet
entretien : « [...] Mais deux de mes élèves, Nigg et Prodro-
midès, désertaient bientôt pour suivre les diktats du pro-
gressisme socialiste. Un autre, Pierre Boulez, me montrait à
mon retour d'Amérique sa *Première Sonate pour piano*, qu'il
m'avait dédiée. Comme je lui faisais quelques critiques, il
prit aussitôt la porte pour ne plus jamais revenir. [...] Le
calcul, l'électronique, le concret, l'aléa ne sont, à mes yeux,
que des échappatoires, des expédients, une fuite en avant
éperdue et douloureuse. D'ailleurs, bien des compositeurs
– et Boulez le premier – sont maintenant en plein désarroi
et au bord de la démission... » (*Le Nouvel Observateur* n° 199
du 2 au 8 septembre 1968, fonds Maurice Fleuret, Bibliothèque musicale Gustav Mahler).

———————

1 9.
PIERRE BOULEZ À ANDRÉ SCHAEFFNER

dactylographiée ; en tête du papier :
757 baden-baden Kapuzinerstrasse 9,
et noté en marge : 757 baden-baden Postfach 22 W. Germany.

le 17 novembre 1968

Monsieur André SCHAEFFNER
35, rue de la Fontaine-à-Mulard
75 – PARIS (13ᵉ)

Cher ami,
   Merci beaucoup de vos bonnes lettres qui me ratta-
chent encore un peu au territoire métropolitain !

Cette année je prends congé de *Parsifal* pour un an au moins et j'y reviendrai seulement pour faire le disque[1].

Malgré toute mon application, je ne me sens aucune vocation de grand prêtre ; et finalement ce serait revenir chaque année à la même villégiature, ce qui n'est pas précisément dans mes habitudes...

J'ai la biographie de Kafka que vous m'avez conseillé de lire, je l'ai lue cet été.

Mon château, comme vous l'appelez, à Saint-Michel, est une combinaison assez originale, onomastiquement parlant du moins : il s'appelle Prieuré de Porchères, ce qui évoque à la fois des porcs et des moines. (Fera la confusion qui voudra.) En tout cas, le « plaisir délicieux et toujours nouveau d'une occupation inutile[2] », je veux dire la bibliothèque, est aussi mon trouble et mon souci !

Entre parenthèses, pourquoi ne m'avez-vous pas proposé comme votre successeur à la présidence de la Société française de musicologie ? Je suis sûr que cela aurait été l'amorce d'une grande réconciliation nationale[3], et je suis navré que ce soit à moi-même de vous suggérer cette idée, en dépit de mon humilité bien connue.

J'ai vu, en effet que M. Leibowitz a refait surface pour montrer de nouveau combien merveilleusement il dirige : je ne sais pas si les résultats ont dépassé l'« attente » escomptée, je pense en tout cas qu'il se situe plus du côté de Marie Pappenheim[4]... (Quant à Fleuret, il a inauguré ce que j'appelle le style Cournouille, ayant trop louché dans la chronique de son ex-voisin-cinéma Cournot[5]) ; ses yeux et son estomac

toutefois n'étaient pas suffisants pour absorber cette
« forte » littérature. * Envoyez-moi vivement vos textes
que j'aie de quoi me mettre quelque chose sous la
dent. Avec ceux d'Adorno[6], ce sont vraiment les seuls
qui aient de la valeur – le *plaplapla* ** journalistique
s'étant répandu de tous côtés.

J'ai noté votre nouveau numéro de téléphone, mais
il n'y a pas grande chance que je passe à Paris d'ici
quelque temps. La dictature molle ayant cour(s)
actuellement en France n'étant pas une spécialité
culinaire que j'apprécie tout particulièrement.

J'étais à Saint-Michel justement pendant la petite
révolte de mai et j'ai pu à loisir apprécier mes compa-
triotes que ce soit dans la révolution ou dans l'oppres-
sion : un côté ne vaut guère mieux que l'autre (les
deux versants d'une même nullité)[7] ***.

En attendant de vous lire, beaucoup plus probablement que de vous voir, je vous envoie mes bien amicales pensées.

Pierre Boulez

[*en manuscrit :*]

* Je refuse de vous mettre dans le même para-
graphe ! Allez, en lisant, à la ligne.

** (comme quoi les fautes de frappe sont quelquefois plus poétiques que l'expression habituelle)
(ou bien, en dictant, ai-je maintenant un si fort
accent tudesque ?)

*** Et maintenant « nous » avons un ministre des
intérieurs, au nom de fromage[8] !

1. Enregistrement en 1970 Deutsche Grammophon 2740 143.

2. Épigraphe des *Valses nobles et sentimentales* de Ravel (Henri de Régnier).

3. Lors de l'affaire Malraux (1966), certains membres actifs de la Société française de musicologie s'étaient opposés à Pierre Boulez et ce dernier ne leur avait pas épargné ses véhémentes critiques, dans son article « Pourquoi je dis non à Malraux » (cf. lettre n° 14, note 5) : « André Malraux vient de prendre d'une main lassée une décision concernant la musique en France, que je trouve irréfléchie, irresponsable et inconséquente. Il a ainsi déféré au vœu du Comité national de la musique, qui se prétend éminemment représentatif de toutes les branches de notre corporation. En fait, ce comité ne représente, à mes yeux, que les personnes dont il est composé, ayant loisir de former des comités... La personnalité de leur président, Jacques Chailley, ne fait que me le rendre suspect ; l'escamotage de dernière minute par Nestor Milhaud ne saurait qu'aggraver cette suspicion. [...] »

4. Auteur du livret du monodrame en un acte *Erwartung* (l'Attente) d'Arnold Schoenberg (1909), que Leibowitz venait de diriger à Lyon.

5. Michel Cournot, critique cinématographique du *Nouvel Observateur.*

6. Theodor W. Adorno (1903-1969), philosophe et musicographe allemand appartenant à l'école de Francfort. Parmi ses ouvrages traitant de musique, ont été traduits en français notamment : *Philosophie de la nouvelle musique,* Paris, Gallimard, 1962 ; *Essai sur Wagner,* Paris, Gallimard, 1966 ; *Mahler, une physionomie musicale,* Paris, Éditions de Minuit, 1976 ; *Quasi una fantasia,* Paris, Gallimard, 1982 ; *Alban Berg, le maître de la transition infime,* Paris, Gallimard, 1989. Pierre Boulez s'est installé en Allemagne en janvier 1959. Il a donc certainement pu lire les ouvrages d'Adorno en langue originale. En 1963 il publie dans les *Cahiers de la*

Compagnie Renaud-Barrault un des textes d'Adorno intitulé
« Vers une musique informelle » où le philosophe fait à plusieurs reprises référence à Pierre Boulez : « [...] Tout cela
rend nécessaire, l'expérience esthétique vivante étant des
plus démunies, une théorie esthétique ; un entretien avec
Boulez a montré que nous étions d'accord sur ce point. Le
mépris de l'esthétique, dont Schoenberg s'était déjà fait le
porte-parole, avait sa raison d'être tant que celle-ci, restée
extérieure à son objet, clopinait péniblement derrière lui,
édictant à son de trompe des règles aussi immuables qu'im-
productives. Il ne s'agit de restaurer, ni une telle esthétique, ni son goût épuré, ni ses lois éternelles. L'esthétique
aujourd'hui nécessaire passe par la liquidation de tout cela.
Elle n'a, ni à se laisser dicter son contenu par la philosophie, ni à adopter la méthode empiriste et descriptive de la
science. Son médium serait la réflexion de l'expérience
musicale sur elle-même, l'objet de cette réflexion étant,
non un état de chose à décrire, mais un champ de force à
déchiffrer » (« Vers une musique informelle », *Cahiers de la
Compagnie Renaud-Barrault*, « La musique et ses problèmes
contemporains », Paris Julliard, 1963, repris dans *Quasi una
fantasia, op. cit.*, p. 287-340). La même année Pierre Boulez
prononce à Darmstadt (dans une série de cours donnés du
14 au 26 juillet) une conférence portant sur les mêmes
questions, intitulée « Nécessité d'une orientation esthétique » (texte publié au *Mercure de France* en avril-mai 1964,
repris et complété *in Points de repère, I. Imaginer*, p. 529-579).
Le 28 janvier 1966 Radio Zurich a diffusé un entretien,
entièrement réalisé en allemand, de Boulez avec Adorno
portant sur le *Pierrot lunaire*. La correspondance conservée
de Pierre Boulez avec le philosophe, qui s'étend de 1965 à
1969, témoigne d'une collaboration soutenue entre les
deux hommes (Fondation Paul Sacher, Collection Pierre
Boulez, Correspondance).
    7. Pierre Boulez participe en mai 1968 à la Semaine
de Saint-Étienne qui, cette année-là, a organisé un

programme de musique contemporaine. *L'Express* daté du 27 mai 1968, dans un compte rendu d'une conférence donnée le 13 mai par Boulez, relate sa position face au mouvement de mai 1968 : « ... Thème : "Où en sommes nous ?", s'agissant de l'évolution de la musique, et non des événements actuels, auxquels il n'a pas fait allusion – il s'est simplement déclaré solidaire du mouvement. Il a dit que les créateurs ne pourraient rien faire tant que tout ne serait radicalement changé, tant que cette "société contraignante" existerait : "Notre vie musicale, en tant que conjonction entre des interprètes prestigieux et des œuvres appartenant à un petit musée local, est une culture en train de mourir, et qui mourra encore plus vite si on lui donne des coups..." Il ne croyait pas si bien dire... »
8. Raymond Marcellin.

———————————

20.
PIERRE BOULEZ À ANDRÉ SCHAEFFNER

manuscrite ; timbre de la poste : London 3. 12. 69

En tête : 737 Baden-Baden
Kapuzinerstrasse 9

Cher André Schaeffner,
Il y a bien longtemps que je ne vous ai pas écrit... mais ma vie est devenue si remplie ! que je me *prends* à regretter parfois le temps des jours plus calmes.
Je suppose que vous naviguez entre Cannes et Paris. Comme je n'ai pas votre adresse à Cannes, je vous envoie cette lettre à Paris, espérant qu'elle vous parviendra sans trop tarder.

Voilà de quoi il s'agit. Je viens de diriger *Pelléas* à Covent Garden[1], et je dois bientôt commencer l'enregistrement pour CBS[2]. Nous songeons déjà au livret qui accompagnera l'enregistrement. Je ferai certainement un texte sur ma propre relation à cette œuvre[3]. Il y aura également une documentation sur la création, avec données biographiques et iconographie : cette partie étant assumée, je pense, par F. Aprahamian[4] (le connaissez-vous ?).

J'aimerais vous demander – et la CBS me charge de le faire – si vous vouliez écrire un texte – ou une variation du texte existant – sur Debussy et le théâtre de la cruauté en replaçant *Pelléas* au milieu de ses efforts inaboutis de théâtre, spécialement *La Chute de la maison Usher*[5]. J'aimerais pouvoir produire votre texte à l'appui de la musique ; toutes les relations profondes entre *Usher* et *Pelléas* sont à mettre en évidence, afin qu'on voie bien que Debussy n'était pas ce débile mollasson qu'on présente comme le fin du fin de la musique française entre les marrons glacés et Chanel n° 4 (ou 5 ou 10 ?)[6]. Et surtout comme vous l'avez déjà fait, il faudrait replacer *Pelléas* à l'intérieur des fantasmes et obsessions de Debussy concernant le théâtre. Je crois que vous êtes le seul à pouvoir faire cela, et à justifier, documents en main, ce que j'ai fait partition en main.

J'espère que vous ferez cela, au nom d'une ancienne amitié !

Je suis à Londres jusqu'au 5 janvier. Voici mon adresse : 49, Hillstreet. London. W. 1. Si vous voulez me téléphoner pour quelques détails, mon numéro est : 629.09.04.

Puis-je compter sur une réponse positive et assez rapide ?

Très amicalement à vous

P. B.

1. La première représentation a lieu le 2 décembre 1969.
2. M9 30119.
3. « Miroirs pour *Pelléas et Mélisande* ».
4. Critique musical de Londres, s'occupant particulièrement de la musique française. Son texte s'intitule « *Pelléas et Mélisande* de Debussy ».
5. André Schaeffner : « Théâtre de la peur ou de la cruauté ? », préface à *Debussy et Edgar Poe* (édité par Edward Lockspeiser, *op. cit.*), rééd. *in Variations sur la musique, op. cit.*). Debussy laissa inachevés deux opéras sur des textes d'Edgar Poe : *Le Diable dans le beffroi* et *La Chute de la maison Usher*. Le texte qu'André Schaeffner écrira pour la pochette du disque s'intitule « Debussy et le théâtre » (rééd. dans le présent ouvrage, *infra* p. 204).
6. Cf. la fin de la lettre n° 6.

21.

ANDRÉ SCHAEFFNER À PIERRE BOULEZ

Vendredi 5 décembre 1969

Mon cher Boulez,

Il n'est pas encore neuf heures du matin, je viens de recevoir votre lettre de Londres et y réponds aussitôt par avion. D'abord, que je coupe les ailes à un canard :

je ne passe pas mon temps à «naviguer» entre Paris et Cannes. Je déteste Cannes, mais j'y ai un appartement agréable, admirablement situé, avec vue sur un très beau décor d'arbres, sur la mer et sur une partie de l'Estérel. Ma femme et moi, nous n'y allons qu'à l'occasion des vacances universitaires, c'est-à-dire Noël, Pâques et l'été, et encore durant l'été nous nous évadons du côté de la montagne. Une fois pour toutes notez notre adresse «de vacances»: Le Cortland, 16 avenue du Docteur Picaud, *Cannes* 06. Téléphone chez la concierge: 15.93.39.30.02. Ouf!

Naturellement je serai trop heureux de collaborer à l'édition de votre enregistrement de *Pelléas*. Ce que vous me demandez me touche beaucoup. Déjà, ne sachant où exprimer mes idées sur le théâtre de la cruauté de Debussy, j'avais donné à la Radio italienne, pour sa revue *Nuova Rivista Musicale Italiana,* une étude sur le «Teatro immaginario di Debussy» (juillet-août 1967) [1]. À la télévision belge, en compagnie de notre ami André Souris, j'avais également un peu parlé de cet aspect de Debussy. Je puis donc à nouveau, sans trop me plagier, traiter de cela. Mais il reste tout de même deux points à éclaircir: les dimensions approximatives que doit avoir mon texte (s'agit-il d'une brève notice ou de quelque chose un peu développé?); la date extrême de la remise du texte (avant la Noël, c'est-à-dire dans une quinzaine de jours, ou bien dans les premiers jours de janvier ou même plus tard?).

Il n'est pas question que je vous téléphone; vous ignorez qu'il y a ici une grève partielle. Je vous demande donc de m'écrire encore quelques lignes pour me donner tout renseignement. Excusez-moi, je me doute que vous êtes très pris.

Le hasard a fait que j'ai rencontré dans un lieu incroyable (une des cours de l'Institut) Georges Auric[2] qui revenait de Londres. Il était délirant sur votre compte. J'avais déjà lu l'article dans *Le Monde*, mais vous comprendrez que j'ai plus confiance en Auric que dans le critique à nom de champ de courses[3]. Je regrette de ne pouvoir faire un saut jusqu'à Londres ; malheureusement c'est impossible.

J'attends donc 3 lignes de vous.

Encore merci de votre pensée

Bien amicalement

Schaeffner

1. *Nuova rivista musicale italiana*, n° 2 (juillet-août 1967), p. 303-318. Version française dans *Essais de musicologie...*, *op. cit.*, rééd. *in Variations sur la musique, op. cit.*

2. Compositeur français (1899-1983), membre du Groupe des Six. En 1978 il rédige une préface à la réédition du *Coq et l'Arlequin* de Jean Cocteau dans laquelle il exprime des positions ambiguës sur la musique sérielle.

3. Jacques Lonchampt, critique musical et musicologue français (né en 1925). Entré au *Monde* en 1961, il en dirige la rubrique musicale de 1965 à 1990. L'article en question est un compte rendu daté du 4 décembre 1969 de la représentation de *Pelléas et Mélisande* dirigée par Pierre Boulez à Londres. Lorsqu'il était directeur musical de l'Opéra de Paris, il a soutenu Pierre Boulez pour la direction de *Wozzeck* d'Alban Berg en 1963.

22.
PIERRE BOULEZ À ANDRÉ SCHAEFFNER

manuscrite ; timbre de la poste :
London 20. déc. 69

Cher André Schaeffner,

Merci d'avoir répondu si vite à ma demande.

Rien ne presse ! L'enregistrement ne sortira que vers le début de la saison prochaine – octobre 70 – Ainsi vous avez tout le temps d'ici avril ou mai prochain.

Quant aux dimensions : il ne s'agit pas d'une brève notice ! Au contraire. CBS veut réaliser un livret assez important et il s'agit donc d'un envoi d'une dizaine de pages dactylographiées.

Si vous avez un tiré à part de votre « Teatro immaginario di Debussy » pouvez-vous me l'envoyer ? Comme cela, je pourrais déjà montrer un avant-projet de ce que sera la réalisation définitive.

Le directeur de CBS-Londres rentre de New York au milieu de la semaine prochaine et je le mettrai déjà au courant de votre acquiescement.

J'écris cette lettre à Paris car je suppose que vous y êtes encore en ce moment. Pour moi, je reste à Londres à cette adresse jusqu'au 4 janvier. Après, de nouveau à Baden-Baden.

Qu'allez-vous faire dans les cours à l'Institut ??? Il n'y a pas de tam-tams à y passer en contrebande ; les

sous-sols du palais de Chaillot sont mieux pour cela, si vous vous rappelez[1]…
Bien amicalement à vous

P. Boulez

49. Hillstreet
London W 1

1. Cf. lettre n° 3, note 3.

———————

2 3.

ANDRÉ SCHAEFFNER À PIERRE BOULEZ

Cannes, mardi 30 décembre 1969

Cher Pierre Boulez,
Merci pour votre seconde lettre qui m'a rassuré et a précisé les choses. Malgré vos prévisions, elle ne m'est parvenue qu'ici. Le 20, le jour où elle fut postée, j'étais en route. Et en curieuse compagnie. À Orly j'ai retrouvé Michel Leiris[1] et sa femme qui prenaient le même avion et emmenaient à Cannes une jeune chienne afghane pour le petit Noël de Picasso. Par instants la pauvre bête (de deux mois), enfermée dans un fourre-tout, se débattait ou poussait des hurlements désespérés. Nous n'avons pas passé inaperçus. La suite serait à raconter, mais ce sera pour une autre fois.
Je n'ai jamais eu de tiré à part de mon étude sur le théâtre imaginaire de Debussy, sinon soyez certain

que je vous en aurais donné un. J'ai ici-même un double dactylographié de ce texte *en français*. Je vous l'adresserai le 5 janvier à Baden-Baden, en vous priant de me le renvoyer par la suite à Paris. Si jamais il se perdait j'en ai à Paris le texte manuscrit, mais que j'ai pas mal corrigé et qui est incomplet.

Il va de soi que l'essai que je vous destine sera tout de même un peu différent, d'abord plus court, ensuite insistant sur d'autres points, sinon sur un point. J'ai eu l'occasion de reprendre la presse de 1902, lors de la création de *Pelléas*, et ai été frappé du peu qu'on en avait tiré. Que ce soit *Vincent d'Indy*[2] ou Julien Benda[3] (quel âge avait-il?) ou quelques autres (Octave Mirbeau, Zola, Bruneau[4]), ils ont parfaitement vu le côté « théâtre de la cruauté » de la partition de Debussy. Je suis sûr de trouver encore d'autres témoignages de pareille lucidité. J'ai également relevé, mais ceci dix ans plus tard, une appréciation d'un ami de Gide (Henri Ghéon[5]) sur la façon très ferme dont d'Indy dirigeait les *Nocturnes*[6] – opinion confirmée par un autre critique qui assista à cette exécution des *Nocturnes*... au Théâtre Marigny (déjà!). Tout en étant sensibles au « charme » de Debussy, certains avaient vu plus loin.

Je m'arrête. J'ai l'esprit congelé. Après trois jours de beau temps, pluies continuelles et froid. Qu'est-ce que cela doit être à Londres?

Bonne année et à bientôt d'autres nouvelles.

Amicalement vôtre

Schaeffner

Je vous dois également d'autres tirés à part, non plus sur Debussy.

Je reprends l'avion le mercredi 7. Un mois après
j'irai passer huit jours à Genève[7].

1. André Schaeffner et Michel Leiris (1901-1990) se
connaissaient de longue date. Tous deux avaient été à l'origine de la rénovation de l'ancien musée d'ethnographie
du Trocadéro. À ce titre, tous deux avaient participé à la
mission Dakar-Djibouti et s'étaient retrouvés ensemble en
1931 chez les Dogon du Mali. Leiris a tracé un beau portrait de son ami dans la préface à l'ouvrage posthume de ce
dernier, Le Sistre et le hochet (Paris, Hermann, 1990).
2. Compositeur et pédagogue français (1851-1931). Fondateur de la Schola cantorum, il y consacre un festival à
Debussy dès 1903.
3. Écrivain français (1867-1956), connu surtout par sa
défense de la connaissance rationnelle liée au jeu d'une
liberté qui reste souveraine, thèse qu'il défend dans son
ouvrage capital, La Trahison des clercs (1927). Benda avait
débuté en 1898 dans La Revue blanche avec des articles où il
se proclamait « dreyfusard par raison ».
4. Louis-Charles-Alfred Bruneau. Compositeur français
(1857-1934). Attiré par l'école naturaliste, il veut appliquer
à l'art des sons les principes de Zola (1840-1902) dont il
met en musique plusieurs œuvres (Le Rêve, L'Attaque du
Moulin, La Faute de l'abbé Mouret).
5. Poète dramatique français (1875-1944). Il participa à
la création de la Nouvelle Revue française et fut avec Jacques
Copeau l'un des animateurs du théâtre du Vieux-Colom-
bier.
6. Nocturnes pour orchestre et chœur de femmes, œuvre
de Claude Debussy composée en 1897-1899.
7. Cf. lettre n° 26.

24.

ANDRÉ SCHAEFFNER À PIERRE BOULEZ

5 janvier 1970
Vous avez dû recevoir à Londres une lettre de moi, vous annonçant l'envoi à Baden-Baden du texte dactylographié ci-joint, faute de pouvoir vous donner un tiré à part de l'article paru en italien. Vous me le renverrez par la suite à mon adresse parisienne. Je vous répète que mon « essai » pour vous sera tout de même différent de contenu, mais non d'esprit.

Reçu ce matin une lettre de ce pauvre André Souris qui a terminé son emménagement dans son nouvel appartement à Bruxelles. S'il ne vous a pas donné sa nouvelle adresse, la voici : 161 avenue du Domaine, 1190 Bruxelles (tél : 452895).

Amicalement vôtre

Schaeffner

25.

PIERRE BOULEZ À ANDRÉ SCHAEFFNER

dactylographiée ; en tête du papier : 757 baden-baden Kapuzinerstrasse[1]

30th January 1970
Dear André Schaeffner,
Thank you very much for your Pelleas essay wich I received in Baden-Baden. I have read the essay and I am very happy that you can write something similar for our disc.

Please excuse the brevity of my letter, but I am in a terrible hurry.

I return your essay and hope that I have not kept it too long.

With very friendly greetings,

Pierre Boulez

Monsieur André Schaeffner,
35, rue de la Fontaine-à-Mulard
Paris 13ᵉ

jes/encl.

1. Cette lettre et les lettres nᵒˢ 28 et 29 sont rédigées par le secrétariat de Pierre Boulez à Londres. Entre janvier et juin 1970, Pierre Boulez effectue plusieurs tournées avec des orchestres anglais et américains, en Europe, au Japon, à Los Angeles, et au Mexique. Il dirige notamment : le 3 janvier, le National Youth Orchestra ; le 8 et le 18 février, le BBC Symphony Orchestra ; du 5 mars au 4 avril, le Cleveland Orchestra ; d'avril à juin, de nouveau le BBC SO ; et ponctuellement, le London Symphony Orchestra le 21 avril, et le Los Angeles Philharmony Orchestra le 31 mai et les 5, 6 et 7 juin (d'après *Conversations de Pierre Boulez avec Jean Vermeil sur la direction d'orchestre*, Paris, Plume, 1989, et la trad. anglaise de Paul Griffiths, Portland, Amadeus Press, 1996).

26.

Mardi 17 février 1970

Mon cher Boulez,

Je ne sais où cette lettre vous atteindra ; je suppose à New York[1]. Je n'ai comme adresse de vous que celle de Baden-Baden. Je crois de mon devoir de vous annoncer une pénible nouvelle, la mort subite de notre ami André Souris. Je reviens de Genève où ma femme a fait deux conférences à l'Institut africain. Hier ma concierge m'a remis une lettre que Jean Jacquot[2] avait fait déposer chez moi pendant mon absence. Le mercredi précédent, donc le 11 février, Souris avait passé la soirée chez les Jacquot ; il était en pleine forme ; il est rentré à son hôtel des Saints-Pères où il descend depuis qu'il n'habite plus à Paris ; le lendemain matin on l'a trouvé mort dans son lit ; sans doute infarctus... Son corps est pour le moment à la morgue de l'hôpital Laënnec. Demain matin nous nous réunirons tous à cet hôpital et son corps sera transporté à Bruxelles dans la journée même. Peut-être ignoriez-vous qu'en mars de l'année dernière il avait perdu son amie, Mme Isabelle Poncin, morte d'un cancer. Ce fut un atroce chagrin pour lui. Il s'en était pourtant remis et avait complètement déménagé ses meubles, livres, partitions, disques, ayant trouvé un appartement très plaisant à Bruxelles où il pensait finir sa vie. Il avait plein de projets de travaux divers et s'était même remis à composer : de la musique pour un petit film. J'ignore s'il a eu le temps de la terminer. Très gentiment il était heureux de savoir que vous m'aviez demandé de collaborer aux textes accompagnant votre enregistrement de *Pelléas*. Il pensait souvent à vous, avec quelque mélancolie, se rappelant le bon temps où vous étiez plus accessible. Il ne s'en réjouissait pas moins de vos succès. Je ne sais s'il avait entendu votre magnifique disque de *Pli selon pli*[3].

À propos de disque je passe à autre chose. J'ai retrouvé de vous une lettre de décembre *1962*. Vous me demandiez de connaître des documents sonores africains contenant des bruits vocaux[4]. J'ai oublié quelles indications j'ai pu vous donner à cette époque. Mais maintenant je puis vous indiquer un excellent disque d'une population, les Burundi, voisine des grands lacs à l'est du Congo ; outre des chants « chuchotés », il contient des chants de vieilles femmes émis dans le creux des mains. C'est un disque assez sensationnel. En voici la référence :

Musique du Burundi. Disques Ocora, OCR 40. Ocora, c'est l'Office de radio-diffusion-télévision française, qui publie une excellente collection, dirigée par Charles Duvelle[5], de disques principalement africains, auxquels s'ajoutent maintenant des disques de musique populaire ou religieuse européenne (îles Hébrides près de l'Écosse, Géorgie – celui-ci dû à notre amie Yvette Grimaud[6]).

Excusez cette lettre fort mal écrite, mais je suis encore sous le coup de la mort d'André.

Affectueusement vôtre

André Schaeffner

1. En réalité, Pierre Boulez dirigeait l'Orchestre de la BBC le 18 février à Londres et repartait le lendemain pour Baden-Baden.
2. Directeur de recherche au Centre national de recherche scientifique (France), spécialiste de la Renaissance, décédé en 1983.
3. CBS 75770, avec Halina Lukomska et l'Orchestre de la BBC de Londres.
4. Cf. lettre n° 10.
5. Cf. lettre n° 12, note 6.
6. Ethnomusicologue, pianiste et compositeur française (née en 1920). Elle a travaillé sur la musique des Bochimans et des Pygmées en Afrique et a créé de Pierre Boulez : *Trois Psalmodies pour piano* et *Notations* (à Paris le 12 février 1945), la *Première Sonate pour piano* (à Paris en 1946) et la *Deuxième Sonate pour piano* (le 29 avril 1950).

27.
PIERRE BOULEZ À ANDRÉ SCHAEFFNER

manuscrite ; timbre de la poste : New York 27 feb. 1970 ;
adresse notée sur l'enveloppe : P. Boulez –
The Cleveland Orchestra. Severance Hall – Cleveland. Ohio.

Cher André Schaeffner,

Merci infiniment de la lettre que vous venez de m'écrire. J'avais en lisant par hasard *Le Monde*, à Londres, appris la mort d'André Souris. Mais comme vous m'en aviez parlé dans votre avant-dernière lettre comme vivant à Bruxelles, je me demandais effectivement comment la mort avait pu le surprendre à Paris ; d'autant plus que quelque temps avant j'avais vu

Caraël[1] qui m'en avait donné d'excellentes nouvelles. J'ai été d'autant plus surpris. C'est pourquoi je vous remercie d'avoir pensé à m'écrire, car si je le voyais, hélas, très rarement (la dernière fois à Bruxelles, en décembre 68), je n'avais cessé de penser à tout ce qu'il représentait, et à l'activité si bénéfique qu'il avait déployée autour de 1946-47 spécialement[2].

La dernière fois que je l'ai vu, il avait été si discret au sujet d'Isabelle Poncin que je n'ai appris qu'en octobre 69, par Pousseur, sa disparition.

J'imagine les complications provoquées par un décès subit dans de telles circonstances, et je suis soulagé de savoir que toutes les formalités se sont terminées sans retard.

Quand je pense qu'il est allé mourir dans ce cher et vieil hôtel des Saints-Pères, que je connais bien, et de longue date, pour y avoir logé les hôtes du Domaine musical, à l'époque « héroïque »...

L'âge vient où les ombres se font nombreuses.

Merci pour vos renseignements sur les disques. Je me les procurerai quand je rentrerai en Europe.

Je compte toujours sur votre texte Debussy/Pelléas pour mars-avril. Je crois que vous ne serez pas déçu par l'enregistrement. Il me reste à l'entendre avec le recul, et l'esprit critique nécessaire.

Quel dommage que nous ne nous voyions plus. C'est la seule chose que je regrette, ayant quitté Paris complètement : ne plus avoir l'occasion de rencontrer des amis comme vous et de passer quelques heures de conversation. Pour le moment, ce temps n'est pas encore de retour.

J'espère que vous allez bien. Moi, je travaille. Trop et pas assez.

Bien amical souvenir.

P. Boulez

1. Georges Caraël (né en 1911), chef de production à la Radiotélévision belge.
2. Cf. lettre n° 9, note 16.

———————

28.

PIERRE BOULEZ À ANDRÉ SCHAEFFNER

dactylographiée ; en tête du papier :
757 baden baden Kapuzinerstrasse

5th May 1970

Monsieur André Schaeffner,
35, rue de la Fontaine-à-Mulard,
Paris 13e.

Dear Friend,
I think CBS will send you a copy of the text I have done on Pelléas because I would like you to read it before publication and to give me your opinion.

When I last spoke to CBS they were very eager to have your contribution because they want the printed booklet completed before the end of the season. They had the intention – and still have the intention – to issue the disc in October.

As a link, formal though it may be, I have quoted you in my piece, and I am sure you will not feel misunderstood.

With my very kindest regards,
Yours,

Pierre Boulez

pb/jes

29.
PIERRE BOULEZ À ANDRÉ SCHAEFFNER

télégramme ;
timbre de la poste : London 19. 5. 70

Boulez away until < = end of june stop please send article direct to CBS = secretary to < = Boulez

---

30.

PIERRE BOULEZ À ANDRÉ SCHAEFFNER

manuscrite ; timbre de la poste : Utica – N.Y. 1. déc. 1970 Adresse notée
sur l'enveloppe : P. Boulez The Cleveland Orchestra Severance Hall 11001
Euclid Avenue Cleveland – Ohio 44 106

Mr André Schaeffner
35 Rue de la Fontaine-à-Mulard
75 – Paris 13e
France

Cher André Schaeffner,
Merci beaucoup des deux textes que vous avez eu
la gentillesse de me faire parvenir. Je les ai lus avec
le plus grand intérêt et vous savez l'admiration que je
vous porte.
(Incidemment, ma mère n'habite plus la rue de
Luynes. Si vous voulez me faire parvenir quelque
chose directement, auriez-vous l'amabilité de l'adres-
ser à mon frère : Roger Boulez, 79 rue Claude Bernard, 5e.)
À vrai dire, oui, j'avais espéré une note plus longue
et plus détaillée sur les rapports de Debussy avec le
théâtre en général. Mais je vous comprends fort bien
pour l'avoir expérimenté moi-même. Il est lassant de
remettre ses pieds dans des empreintes déjà foulées...
C'est de plus très intéressant de voir les rapports de
Debussy avec ces écrivains fin de siècle qui n'ont
jamais trouvé leur place et qui sont restés, au sens
littéral, des ex/centriques.

Je suis content que vous ayez aimé l'enregistrement[1]. Il me semble en effet que si l'œuvre a été quelque peu tirée à moi, c'est par l'intérêt porté à Golaud. C'est le personnage que je trouve le plus complexe et le plus attirant. Je crois même que par antiphrase, au lieu d'appeler l'opéra *Pelléas et Mélisande*, on pourrait simplement l'appeler *Golaud*...

Je n'ai pas eu le plaisir – et le loisir – de vous voir à Paris[2]. Tout y était si surchargé : l'emploi du temps, le travail. Espérons pour la prochaine fois, en mai.

Ne venez-vous jamais à Londres, ou en Allemagne ?

Bien amicalement à vous.

P. Boulez

1. Pierre Boulez fait apparemment mention d'une lettre qui n'a pas été conservée.

2. Pierre Boulez fait un court séjour à Paris en novembre où il dirige deux concerts au Théâtre national populaire : le 9 novembre, avec l'orchestre de la BBC de Londres (Bartok, Berg et son *Éclat/Multiples*) et le 10 novembre 1970, avec l'ensemble Musique vivante (*Le Marteau sans maître* et *Domaines*). Cf. *Conversations de Pierre Boulez sur la direction d'orchestre avec Jean Vermeil, op. cit.,* et la traduction anglaise, *op. cit.,* p. 199.

Ci-dessus: Lettre de Pierre Boulez à André Schaeffner, 1958 (Centre de Documentation musicale-Bibliothèque Gustav Mahler).

Ci-contre: Lettre d'André Schaeffner à Pierre Boulez, 10 mars 1968 (Fondation Paul Sacher, Bâle, collection Pierre Boulez).

Dimanche 10 mars 1968

Mon cher Boulez,

J'irai à votre concert de mercredi prochain et viendrai vous serrer la main après, si du moins l'on peut vous approcher.

J'ai quelques remords à votre égard. L'été dernier j'étais à Cannes et j'aurais dû, comme je l'avais fait l'année précédente, vous écrire après avoir écouté votre Parsifal à Bayreuth. L'exécution m'a paru encore plus belle que celle de 1966. Cette fois surtout le 3ᵉ acte qui ne m'avait pas entièrement satisfait — non à cause de vous mais de l'interprète du rôle de Parsifal, trop "siegfriedien" pour mon goût. Peut-être serez-vous surpris de ce que je vais vous dire : Vous avez pleinement réussi à déchristianiser l'œuvre, sans avoir pourtant commis le moindre sacrilège. Toute cette douteuse mysticité qu'on y a mise avait disparu. De plus jamais l'orchestre n'a été aussi beau et ne m'a semblé autant répondre à ce qu'en dit Debussy. Du reste, lui aussi dans le St Sébastien a su corriger tout ce que d'Annunzio y avait introduit de faux. Je n'ai point fait attention aux noms des interprètes, mais ceux-ci m'ont paru supérieurs à ceux de la première fois. J'ignore l'âge réel de la femme qui jouait Kundry, or sa voix plus jeune changeait l'équilibre de l'ensemble. La radio a au moins l'avantage qu'on ne voit rien et imagine d'autant.

Excusez ces lignes hâtives, mais à tant tarder je ne vous aurais peut-être jamais dit la joie que vous m'avez causée.

Ci-joint un tiré-à-part d'une étude écrite en hommage à André Souris. Vous en excuserez la pédante érudition ; je crois cependant y avoir mis quelque fantaisie. Je ne sais pourquoi elle m'a valu d'être comparé par Marius Schneider à St Antoine parlant au milieu d'un cercle de belles dames ! Pourquoi pas de cochons ?

A mercredi. Croyez à mon sincère regret de n'avoir plus l'occasion de bavarder avec vous. Amicalement vôtre Schaeffner

ARTICLES

Trajectoires :
Ravel, Strawinsky, Schoenberg

par Pierre Boulez

Il était question de nous faire entendre les *Trois Poèmes de Mallarmé*, de Ravel ; les *Trois Poèmes de la lyrique japonaise* de Strawinsky ; enfin le *Pierrot lunaire* de Schoenberg. L'idée était saine et pleine de bon sens[1]... En dépit de l'interprétation défectueuse, l'audition des trois œuvres de ce programme nous a permis, en quelque sorte, de faire le point sur cette mythologie du renouveau qui s'est cristallisée autour du *Pierrot lunaire*, mythologie au vieux parfum de scandale. Et l'on peut se demander si ce n'est pas simplement un

Article paru dans la revue Contrepoints *(dirigée par Fred Goldbeck) en 1949 et publié ici dans sa version originale. L'auteur l'a remanié par la suite pour sa publication dans* Relevés d'apprenti *(Éditions du Seuil, 1966) reprise dans* Points de repère I. Imaginer *(Christian Bourgois Éditeur, 1995).*

1. La séance eut lieu, en juillet dernier, à la Salle de Géographie, et je dis bien qu'il « était question de nous faire entendre »... En fait, nous avons vu un personnage – que je n'aurais l'audace de nommer chef d'orchestre – épaule agressive, genoux flexibles, suer abondamment, sans grand résultat apparent ; nous avons fait semblant d'entendre du chant ; et nous applaudissions sans réserve à l'habileté des solistes de l'Orchestre national, si manifeste en dépit de ces *impedimenta* peu faits pour mettre en valeur leurs qualités exceptionnelles.

malentendu très répandu au temps de l'autre après-
guerre qui a donné à Schoenberg – et à *Pierrot lunaire*,
en particulier – cette aura de mystère prestigieux, pri-
vilège d'un musicien « maudit » entre tous ; absent de
tous les programmes de concerts, entouré d'une
cohorte de disciples quelque peu fanatiques – autre
manifestation de la « malédiction » – Schoenberg
bénéficie d'une légende dont il serait bien nécessaire
de le débarrasser pour l'apercevoir à sa juste dimension, ex-prophète au milieu des tambours crevés et
autres accessoires aussi factices dont, sans humour, on
l'a entouré avec profusion.

Il est significatif déjà qu'en 1913 – un an après
la composition du *Pierrot lunaire* – deux musiciens,
appartenant à des générations différentes, se trou-
vant à des stades complètement distincts de leur

On me trouvera, peut-être, facilement enclin à une exagération
blasphématoire : que l'on me permette, néanmoins, de douter de la
musicalité d'un « chef d'orchestre » qui laisse le piano distancer d'un
bon quart de ton l'accord des autres instruments ; qui se soucie si peu
de l'équilibre sonore que l'ensemble des instruments paraît défec-
tueux jusque dans sa conception ; que la *Sprechstimme* n'inquiète
vraisemblablement pas du tout puisqu'elle a été constamment esca-
motée avec le bonheur que l'on suppose. Nous pourrions ajouter
encore bien d'autres griefs, s'il n'existait un certain sentiment de pitié
– d'ailleurs fort déplacé – qui nous invite à faire simplement le silence
sur ce genre d'aventure participant à la fois d'une démonstration de
culture physique et d'une cérémonie d'incinération : Monsieur Leibowitz a pris l'habitude, en effet, de faire lire au début du concert, par
l'un quelconque de ses élèves, une notice « nécrologique » savou-
reuse, où la technique, la poétique, et la philosophie s'entrelacent en
guirlandes des plus poussiéreuses, sinon du plus heureux résultat. Si
bien que chaque concert de M. Leibowitz me remet en mémoire certaine fable de La Fontaine où il est question d'un ours, d'un amateur
de jardins, d'une mouche, et aussi d'un pavé.

dissemblable évolution, mais poussés par une commune curiosité, – il est significatif, donc, que Ravel et Strawinsky aient eu, à l'égard de Schoenberg, la vue également faussée : les œuvres d'influence avouée que sont pour l'un les *Trois Poèmes de Mallarmé*, pour l'autre les *Trois Poèmes de la lyrique japonaise* témoignent de cette erreur d'optique. La légende commençait.

Ce qui fait, en réalité, la jonction de ces trois œuvres est le choix de la forme instrumentale. Dans Ravel : chant, piano, quatuor, 2 flûtes, 2 clarinettes.

Dans Strawinsky : chant, piano, quatuor, piccolo, flûte, clarinette, clarinette basse.

Dans Schoenberg : chant, piano, violon (ou alto), violoncelle, flûte ou piccolo, clarinette ou clarinette basse.

Le parallélisme de ces *nomenclatures* (si j'insiste sur le mot « nomenclature », c'est qu'en effet le rapprochement ne peut se faire sur un autre terrain) met en relief la ressemblance superficielle des partitions et fait ainsi comprendre combien l'influence de Schoenberg pouvait se faire sentir, en quelque sorte, à un « deuxième degré ».

L'on m'a raconté – et je ne rapporte ceci qu'avec une extrême réserve – l'origine des *Mallarmé* de Ravel et de la *Lyrique japonaise* de Strawinsky de telle façon qu'elle corrobore exactement ce que ces musiques m'avaient naturellement conduit à penser. Avant d'analyser plus spécialement chacune des trois partitions, je voudrais le dire brièvement. C'est à la suite d'un voyage en Allemagne que Strawinsky rencontra Schoenberg à Berlin en 1912 et entendit *Pierrot lunaire*. À son retour à Paris, il fit part de cette découverte à son ami Ravel. C'est ainsi que l'imagination, par un mécanisme parallèle chez les deux compositeurs, suppléa à une étude de la partition : est-ce absolument vrai ? Ce serait néanmoins fort plausible. (Le vrai peut quelquefois...).

Même si le choc provoqué par Schoenberg sur Ravel n'avait pas été d'un ordre aussi externe, il ne pouvait porter que d'une façon tout à fait illusoire. En 1913, Ravel avait déjà derrière lui une grande partie de ses découvertes qui participent toutes de l'ordre tonal. N'oublions pas le côté faux-académicien qu'a toujours eu Ravel : ses découvertes, d'ordre harmonique, se ramènent à une complexité d'écriture – appoggiatures non résolues, anticipations, sons ou accords-pédales – sur des enchaînements extrêmement simples, basés, la plupart, sur des pas de tierces, des notes communes (je m'excuse de ce langage « classe d'harmonie » indispensable dans ce cas). Ravel était trop âgé pour pouvoir sortir de ce cadre, ce dont nous ne saurions lui faire grief, mais que nous devons bien constater. Nous avons un contrôle d'une précision infaillible dans le fait qu'il donnera tête baissée – avec toutefois une science de l'écriture que les « novateurs » français de 1920 ne possédaient certes pas – dans les découvertes superficielles et fausses comme la polytonalité et autres arguties, simples camouflages, eaux de jouvence bien frelatées pour un organisme sonore atteint d'impuissance à se renouveler et aboutissant logiquement à sa propre destruction. Je pense en particulier à certains passages de la *Sonate pour violon et violoncelle*, de *L'Enfant et les sortilèges*, où la ruse est si manifestement naïve d'avoir écrit les deux portées avec deux armures différentes.

Or, tout l'effort de Schoenberg dans *Pierrot lunaire* consistait, par l'emploi d'un chromatisme constant, à faire éclater la tonalité et menait sur le chemin d'un emploi rationnel du demi-ton, synthétisé plus tard dans l'emploi de la série dodécaphonique.

Avec les *Trois Poèmes de Mallarmé*, nous avons donc un exemple extrêmement frappant du malentendu qui se poursuivra pendant si longtemps à propos de Schoenberg : ce malentendu consistant dans le ressac, à l'intérieur d'un système tonal encore cohérent, d'un choc provenant de la désagrégation de ce système. Les effets en devaient donc être d'un ordre purement « auditif » ; nous n'employons pas ce terme dans une attaque au pas de charge contre l'« hédoniste » supposé qu'aurait, en l'occurrence, été Ravel – c'est là que se place toute la différence avec Strawinsky –, mais dans le sens où l'influence de *Pierrot lunaire* se traduira par des intervalles, des effets sonores, des dispositions instrumentales transposés dans le langage ravélien déjà constitué, rattachés à lui avec une grande précision. Disons que Ravel n'aura jamais poussé aussi loin le raffinement harmonique, l'équilibre du dosage sonore ; mais on le trouve toujours dans la continuité déclinante d'une évolution qui confine à l'impossibilité, étant donné le côté « porte-à-faux » et l'élément destructeur de ces nouvelles acquisitions. Nous ne retrouverons ce genre de recherches que dans les *Chansons madécasses* qui datent de 1925 et auxquelles il n'est pas impossible que préside de nouveau le *Pierrot lunaire*, puisque sa première audition à Paris date de 1922, au milieu du tumulte que l'on sait. À part ce deuxième essai, Ravel avait renoncé à ce jeu dangereux qui le conduisait inéluctablement à s'annihiler. C'est pourquoi, comme je l'ai dit plus haut, il se tourna vers de fausses découvertes qui participaient, plutôt mal que bien, de l'ordre déjà existant mais qui ne détruisaient pas fondamentalement sa cohérence.

À ce propos, il serait bon de liquider les fadaises dites et redites sur Ravel contrapunctiste ; car l'influence schoenbergienne n'a absolument eu aucune portée dans ce sens. Même dans ses œuvres ultérieures, il n'y a chez Ravel qu'un complexe mélodico-harmonique que l'on peut, très évidemment, je crois, faire remonter à Gounod et à Fauré ; ce qui n'exclut pas certains « contre-chants » dont le nom répond assez bien à la faiblesse de leur valeur contrapunctique. Qu'il s'agisse même de la Fugue du *Tombeau de Couperin* ou de la *Sonate pour violon et violoncelle*, l'écriture polyphonique prend un aspect coagulé qui est le contraire même de la notion de contrepoint. Depuis Franck, on se faisait du reste une idée assez curieuse du contrepoint, où, presque toujours, deux parties étaient en imitation ou en canon de façon un peu voyante, ressortant d'une masse harmonique compacte, tutélaire et même plutôt dictatoriale : qu'on se rappelle seulement le célèbre finale de la *Sonate pour piano et violon*. Si, chez Ravel, ces conceptions sont affinées, elles n'en sont pas moins sous-jacentes et il faudra attendre Webern pour affirmer avec éclat une écriture essentiellement contrapunctique ;

Schoenberg étant le point de départ de cette réussite
– et seulement le point de départ, ayant lui-même
trop d'attaches avec le XIXe siècle pour pouvoir s'en
débarrasser radicalement. Il nous reste encore à noter que, jusque dans
l'emploi de l'ensemble instrumental, l'influence de
Pierrot lunaire réside surtout dans la nomenclature.
Car l'utilisation, par Schoenberg, des divers éléments
– qu'il a choisis – procède d'un besoin de s'exprimer
contrapunctiquement, c'est-à-dire d'une individualisation de chaque composante instrumentale, Ravel se
sert d'une telle formation – en quelque sorte imposée
– comme d'une disposition orchestrale restreinte.

Il semble que ce soit dû justement à cette carence
de l'écriture contrapunctique, et que Ravel ait utilisé
les divers instruments comme un revêtement de
timbre. Et là encore nous n'attaquons pas une
conception « hédoniste » mais nous considérons cette
écriture pour « orchestre de solistes » comme la conséquence logique de l'évolution ravélienne. À vrai dire,
de *Daphnis* aux *Mallarmé*, il n'y a qu'une différence de
degré, ce qui est moins surprenant qu'on ne pourrait
le penser de prime abord ; je dirais volontiers plus
grossièrement qu'il n'y a qu'une différence quantita-
tive. On retrouve dans les *Mallarmé* cet apparat de la
présentation sonore, plus étudié que jamais, procédant de doublures, de superpositions, d'effets sonores
qui n'ont rien à voir avec *Pierrot lunaire*, mais qui relèvent d'une certaine « mécanique » de l'orchestration
– aboutissement raffiné de l'orchestration classique.

Tout ce que je viens de dire sur cette œuvre n'a
surtout pas la prétention de contester sa très grande

beauté ; mais je crois qu'on peut la considérer comme
une sorte de cercle extrême, assez mystérieux par le
fait qu'elle ne peut aboutir qu'à sa propre négation :
réussite condamnée à rester à jamais repliée sur elle-
même. Dépourvue de conséquences, parce que
contradictoire, ce fut une épreuve dont Ravel n'est
pas sorti intact.

Si nous ne pouvons guère douter de la bonne foi de
Ravel allant à la rencontre de *Pierrot lunaire*, un mot-
clef nous éclaire sur la réaction de Strawinsky ; dès
qu'il eut entendu le *Pierrot lunaire* à Berlin en 1912
Strawinsky en trouva la poétique tout à fait périmée –
ce que je crois parfaitement justifié, mais ce qui a
faussé entièrement son optique, à moins qu'une
optique déjà erronée ne l'ait poussé à énoncer ce
jugement. Il est intéressant de faire remarquer, à propos de ces *Poèmes de la lyrique japonaise*, que Strawinsky
les écrivit en même temps qu'il travaillait au *Sacre du
printemps*, duquel il est à peine besoin de dire qu'ils
diffèrent par la dimension orchestrale et par la durée.
C'est le début d'une série d'ouvrages qui comprend
Pribaoutki et dont l'aboutissement est la trop fameuse
Histoire du soldat ; où les compositions instrumentales
seront extrêmement réduites et les dimensions de
l'œuvre – ou des numéros qui la composent –, en
général fort courtes. On peut donc penser que la rencontre avec Schoenberg fut extrêmement frappante
pour Strawinsky, sinon féconde. Ce serait porter un
jugement tout à fait superficiel.
    Il y eut, en effet, dès l'abord du *Pierrot lunaire*,
chez Strawinsky, une méfiance profonde vis-à-vis de

l'esthétique impliquée ; et cela l'empêche de voir la solution qu'il apportait – solution transitoire, du reste – au problème du langage. Ayant refusé la poétique, il refusa la technique, sans pousser plus loin ses investigations : c'est bien là que se place le départ d'une faillite de Strawinsky qui devait se précipiter, une fois usés les divers artifices par lesquels il cherchera à camoufler cette terrible carence. Et puisque nous sommes en 1913, pourquoi ne pas essayer de voir les éléments de ce refus dans le *Sacre* lui-même ? Je pense – malgré l'admiration impossible à détruire que je porte à cette œuvre – que le *Sacre* était le germe de l'« impossibilité Strawinsky ». Car si nous y trouvons une notion bouleversante du rythme qui fait défaut pratiquement dans les trois Viennois – à part certains Webern –, du rythme-développement manié encore grossièrement mais de façon très évidente et pleine de conséquences indéniables, en revanche, rien n'y laisse même prévoir une sensibilité à la question de la transformation du vocabulaire. C'est pourquoi, je le crains, le *Sacre* est si vite entré dans les mœurs musicales : car, sans le détruire, il ne faisait qu'y apporter une surcharge de plus au langage constitué. Je dirai même – au risque de paraître paradoxal – que le *Sacre* représente le seul effort pour consolider le langage tonal par l'élargissement extrême, ou plutôt par l'hypertrophie de ses fonctions. Langage beaucoup moins destructeur que celui d'un Ravel ou d'un Debussy même, où les rapports chromatiques et les fonctions tonales sont d'une essence beaucoup plus ambiguë et d'une complexité très supérieure.

Puis-je m'expliquer clairement sans entrer dans des détails techniques, fastidieux pour beaucoup? Je trouve dans le *Stravinsky* de Paul Collaer* une terminologie facile à comprendre. Paul Collaer explique que pour Strawinsky «l'harmonie fut établie dans le but de créer des tensions», donc que «des dissonances sont attirées vers les consonances». Dans l'apriorisme gratuit et dangereux qui va suivre, réside toute l'irréductibilité avec Schoenberg. Paul Collaer continue en effet: «Partant de cette raison profonde qui ne *peut être changée, puisqu'elle est la base même de la musique*[1], il [Stravinsky] édifie un langage harmonique dont la raison est la même que celle du langage harmonique courant, mais dont la mise en œuvre est singulièrement plus puissante, plus efficace. [...] La note *ré* ne sera plus tonique du ton de *ré* majeur ou de *ré* mineur, ni dominante du ton de *sol,* ni septième de *mi* bémol. Elle est *ré* tout court. [...] Le *ré,* puisque nous l'avons choisi comme exemple, constituera un pôle d'attraction pour toutes les autres notes... » Je crois n'avoir jamais rencontré explication plus lumineuse, mais plus accablante, du langage de Strawinsky que dans ce que Paul Collaer appelle les «notes polaires». Il est certain que cette «polarisation» d'une note redonne, dans un langage tonal-modal amplifié, une force considérable à la notion de tonique – sorte d'hyperdegré –, force qu'elle avait rapidement perdue depuis Wagner, qu'elle n'avait même possédée à ce point qu'au début du langage

* Paul Collaer, *Strawinsky,* Bruxelles, Équilibre, 1930 (*N.d.É.* 1998).
1. C'est moi qui souligne.

tonal. Ce langage polarisé démesurément grossi – je serais bien tenté de l'appeler grossier – est le dernier sursaut hérissé de l'ordre tonal qui ne doit pas y survivre, c'est une sorte d'« exorcisme par ruse ».

J'ai parlé plus haut de l'irréductibilité de cette réaction avec celle de Schoenberg. C'est pourquoi la méfiance de Strawinsky à l'égard de la poétique de *Pierrot lunaire* s'explique également à partir de la conception même du langage musical. Aussi est-il bien difficile de savoir laquelle de ces deux réactions entraîne l'autre. Quoi qu'il en soit, – et pour revenir aux *Trois Poèmes de la lyrique japonaise* – *Pierrot lunaire* marqua de façon plus apparente que réelle une personnalité déjà en présence de son propre échec. Il n'y a pas, en effet, la moindre variation de langage – sinon celle imposée par la forme instrumentale – entre le *Sacre* et les *Trois Poèmes*. Car les sauts de septième majeure ou de neuvième mineure, les grands intervalles, les lignes brisées, les accords non réductibles, nous trouvons tout cela dans l'œuvre symphonique, employé de la manière « polairement » agrégée dont parle Paul Collaer. Nous retrouvons également cette notion de « faux contrepoint » déjà utilisé dans l'Introduction du *Sacre,* Introduction où – j'en parlerai plus loin – nous pouvons voir aussi le principe de l'écriture pour solistes. Qu'est exactement ce « faux contrepoint » ? Il consiste essentiellement en une superposition de lignes-pédales, indépendantes surtout par le rythme, dont l'ensemble est régi par un rapport tonal résultant de ses différentes composantes analytiquement disposées. On voit immédiatement ce que cette notion peut avoir de mécanique, d'anticontrapunctique même, pusqu'elle va à l'encontre de la fonction contrapunctique essentielle, à savoir le dynamisme des rapports sonores. Une telle superposition est, en effet, éminemment statique : en ce sens qu'elle coagule l'espace-son en une série d'étagements invariants – car je n'appelle pas variation réelle la variation ornementale qui y intervient –, et qu'elle annule donc toute l'agogique du développement. Nous abordons là un phénomène extrêmement important ; car, si elle est mal décelée encore dans Strawinsky – et surtout réalisée à contre-sens –, nous y trouvons pour la première fois une notion de l'agogique sonore que nous serons redevables à Webern d'avoir éclaircie de la façon la plus consciente. Je veux simplement mentionner ici – sinon je dépasserais le but de cet article – ce phénomène de la dynamique dans la régistration. Strawinsky, toutefois, se limite à une superposition simpliste et, somme toute, assez arbitraire.

Il reste, je crois, à vider cette querelle de l'« hédonisme » – employons ce mot à défaut d'un qualificatif plus justifiable – esquissée à propos de Ravel. Nous avons parlé de l'ordre purement « auditif » des réactions ravéliennes face aux découvertes de Schoenberg, dans le sens où ces dernières passaient dans l'œuvre de Ravel au moyen d'une traduction appropriée. Chez Strawinsky – et non sous l'influence exclusive du *Pierrot lunaire*, puisqu'on trouve de semblables emplois dans *Le Sacre du printemps* – les morphologies communes à l'œuvre de Schoenberg procèdent d'un

« hédonisme », sinon condamnable (l'inquisition est la pire des choses), du moins parfaitement stérile. Par « hédonisme » je veux dire exactement le rôle non fonctionnel de ces morphologies, leur côté exclusivement décoratif. Les agrégations non réductibles par exemple, procédant d'une polarisation autour d'un accord clef, donnent évidemment à cet accord une tension qu'il n'avait pas originellement, mais, en tant qu'agrégations, ne sont que des créations purement individuelles, autonomes, n'ayant pas force de vocabulaire cohérent. Cette surcharge d'un langage existant, cette extension autour de morphologies classées, on a voulu y voir une qualité essentielle de Stravinsky : l'objectivisme ; et d'opérer une confrontation avec Schoenberg subjectif. Ce sont des notions bien douteuses dès qu'on aborde les résultats d'une technique de langage. Il est certain, en tout cas, que cette sorte d'objectivité qui consiste à considérer l'effet sonore – pourquoi ne pas dire l'effort sonore ? – pour lui-même (objectivité que d'autres peuvent qualifier d'hédonisme), ne devait pas mener Strawinsky dans la voie d'une découverte féconde. À mesure qu'il laisse derrière lui les œuvres ayant épuisé un certain nombre de combinaisons sonores provisoires, il se verra acculé à pallier cet épuisement par d'autres solutions aussi provisoires puisqu'il n'aura pas davantage à sa disposition une constitution cohérente du langage : solutions qui deviendront de plus en plus schématiques, arbitraires, stéréotypées jusqu'à ne plus être des solutions du tout, mais d'affreux « tics » que l'oreille arrive à prévoir et dont elle s'agace d'autant plus. Je pense en particulier à l'emploi automatique de la tierce majeure-mineure, des octaves diminuées ou augmentées, des fausses basses : on en vient au régime obligatoire de la fausse note, de la mauvaise disposition, de la cadence défectueuse – voir le Choral de *L'Histoire du soldat* –, aussi désastreux que le plus plat des académismes. Parti de l'hédonisme, on aboutit à la pire des laideurs : ô dialectique des contraires !

Quant au dispositif instrumental, peut-on dire qu'il est obligatoirement lié à cette conception hédoniste du langage ? C'est un fait si évident qu'il semble à peine besoin d'insister. Notons cependant la différence avec Ravel. De même que Ravel suit sa propre logique en traitant l'ensemble instrumental des *Mallarmé* comme un petit orchestre (et d'ailleurs, n'avait-il pas déjà écrit dans ce sens son *Introduction et Allegro* pour harpe, flûte, clarinette et quatuor à cordes ?), de même Strawinsky épure dans les *Lyrique japonaise* des conceptions que l'on trouve auparavant dans l'Introduction du *Sacre*. Ce par quoi elles se différencient de l'écriture ravélienne est la volonté d'individualiser chacun des instruments composants. Volonté qui ne rejoint qu'extérieurement – presque accessoirement – la volonté semblable de Schoenberg. En effet, par un phénomène parallèle à celui qui fait rechercher à Strawinsky cette combinaison sonore pour elle-même et non pas fonctionnellement, l'instrumentation est choisie primordialement pour l'aspect physique qu'elle présentera. Je reconnais que l'on peut trouver cette dernière critique assez spécieuse. Car enfin, ne doit-on pas choisir telle combinaison instrumentale plutôt que telle autre parce qu'elle donnera acoustiquement mieux et pour cette unique raison ? Certes, il serait dérisoire de le nier, ce principe est implicite dans toute orchestration, fût-ce celle de Monteverde. Je veux dire plus précisément que l'instrumentation de Strawinsky n'est pas fonction directe du texte musical : elle est choisie pour elle-même ; ajoutons que plus tard l'instrument deviendra tyrannique et aura souvent l'air de dominer, de nier le texte. Ce n'est évidemment pas le cas du *Sacre* – où la fameuse phrase du basson, entre autres, restera une découverte géniale –, ni celui de ces *Poèmes de la lyrique japonaise*. Mais le « tic » instrumental – qualifié encore d'objectivisme par certains admirateurs – deviendra sensible dans *Pribaoutki* et surtout dans *L'Histoire du soldat*. De plus, la notion de « faux contrepoint » dont nous avons parlé plus haut n'est pas étrangère au malentendu qui pèse sur les « petites formations » de Strawinsky ou en général sur son emploi des instruments solistes (comme dans l'Introduction du *Sacre*). Ces superpositions, dont nous avons relevé le côté mécanique et arbitraire, semblent, en effet, appeler logiquement une individualisation des instruments ; mais de par leur essence arbitraire, elles régissent une instrumentation qui ne l'est pas moins, aussi peu justifiable que par une « fin en soi » de telle superposition, de tel échange de registres. Pour donner un exemple énorme jusqu'à l'absurde, certain passage joué au piano nous décevra par sa pauvreté, alors qu'entendu à l'orchestre, l'agencement habile des diverses dispositions accaparera toute notre attention. Que cela ne nous empêche pas de noter justement l'extrême sûreté des combinaisons instrumentales, leur équilibre parfait dans l'emploi des tessitures jusqu'alors les plus inusitées, leur trouvaille acoustique, auxquels ne nous ont pas toujours accoutumés même un Schoenberg – ni même un Webern, pour qui la notion du timbre est presque abstraite et ne se soucie pas assez des conditions physiques de l'émission sonore.

Mais nous avons abordé le cas de Strawinsky par cette réaction négative qu'il avait eue face à la poétique du *Pierrot lunaire*. Personnellement, – et j'insiste sur ce personnellement – je pense qu'il prend en effet sa pleine revanche dans ce domaine. Je ne peux trouver de comparaison plus frappante qu'avec Moussorgsky-Wagner. On peut dire, sans crainte d'erreur, que Wagner a fait évoluer le langage d'une façon infiniment plus active que Moussorgsky, et pourtant la poétique de ce dernier, rejoignant presque Debussy, bouscule pour moi tout le romantisme boursouflé dans lequel s'est agité le mythomane de Bayreuth : *Boris* m'est infiniment plus cher et me paraît plus constamment actuel que *Tristan*. Ainsi par rapport à Schoenberg, Strawinsky, quoique se servant d'un vocabulaire sans aucune utilité, d'une morphologie dénuée de toute conséquence, d'une syntaxe pratiquement nulle, apporte, me semble-t-il, une poétique d'une nouveauté bouleversante. Autant le *Sacre* pouvait détruire la notion « musique de concert » autant les trois « haï-kaï » sont le reflet d'une sensibilité encore inconnue dans la conception elliptique. La même impression, je ne puis la retrouver qu'à l'audition de Webern, spécialement dans les œuvres qu'il écrivit vers cette époque 1909-1913. Cette sensibilité

de Strawinsky tourne court, alors que chez Webern...
Mystère de cette évolution : les analyses d'un langage
ou d'une technique peuvent *démontrer*, mais n'arrivent
jamais à *expliquer* tout à fait. On rend compte de l'aspect matériel d'une partition, on est impuissant
devant la poétique dont elle est la clef. C'est pourquoi
les poèmes de Strawinsky prennent rétrospectivement
pour moi le charme et l'angoisse d'une essentielle
impossibilité.

Par l'étude des œuvres de Ravel et de Strawinsky,
nous avons obtenu, en quelque sorte, un négatif de
Pierrot lunaire; mais il serait nécessaire, pour mieux
percevoir sa teneur, d'en approcher moins indirectement. La première question à élucider est de savoir
quelle place, privilégiée ou non, tient ce mélodrame
dans la continuité de l'œuvre de Schoenberg. *Pierrot
lunaire* ne marque pas, à proprement parler, l'annonce d'une étape nouvelle, au sens d'*œuvre-révéla-
tion*. Il serait vain de démontrer, une fois de plus, la
progression des découvertes morphologiques de
Schoenberg qui ne commencent vraiment, à mon
avis, que dans les trois pièces op. 11, et dans certaines
pages du Scherzo du *2ᵉ Quatuor en* fa *dièse,* op. 10. Je
considère, en effet, des œuvres antérieures, comme
Verklärte Nacht, le *1ᵉʳ Quatuor,* en *ré* mineur, la *Symphonie
de chambre*, op. 9, et la grande majorité du *2ᵉ Quatuor,*
op. 10, comme des œuvres purement documentaires,
dont la nécessité – justifiée en tant que recherches
de langage à ce moment-là – ne se fait plus sentir
actuellement (et peut-être pourrons-nous agrandir
cette proposition à toute l'œuvre de Schoenberg ;

mais nous verrons cela plus loin). Œuvres transitoires, je dirais bien démodées, si je voulais provoquer un scandale un peu facile : le cordon ombilical avec Wagner-Brahms n'y est pas encore coupé ; il ne le sera d'ailleurs jamais tout à fait. (Une oscillation lente du premier au second de ces prédécesseurs serait même la caractéristique la plus remarquable de cette longue carrière.) Avec les *Jardins suspendus* (de Stefan George) op. 15 et surtout les *Pièces pour orchestre*, op. 16, nous abordons déjà une recherche beaucoup plus poussée, qui passe ensuite par *Erwartung*, pour aboutir à *Herzgewächse* qui est, si l'on veut, la répétition générale avant *Pierrot lunaire*. Cette courte mélodie – pour chant, célesta, harmonium (qui reste malgré tout un horrible instrument employé on se demande pourquoi) et harpe – contient en résumé tous les principes d'écriture que nous trouvons, pratiquement inchangés, dans l'œuvre suivante. Ce qui a frappé tout d'abord dans cette écriture, c'est son aspect « savant » ; disons, en un langage moins bonhomme, son aspect de construction contrapunctique. C'est là que doit se placer, en grande partie, la nouveauté de *Pierrot lunaire*. Le contrepoint y est, du reste, repris dans sa forme la plus traditionnelle, presque la plus scholastique. Il est bien connu que la 8e pièce est une *passacaille* rigoureuse, que la 11e est un *double canon* repris à l'écrevisse, et nous n'en finirions pas de mentionner toutes les *imitations* plus ou moins strictes qui sont à la base de toute la partition. Curieusement, une telle attitude respectueuse à l'égard du contrepoint se retrouve dans la manière dont Beethoven l'aborda dans ces dernières œuvres et souvenons-nous de la fugue de l'op. 106 « *con alcune licenze* » : attitude amplement justifiée par la difficulté de faire coïncider un style harmoniquement très évolué avec des principes dynamiques certes, mais perçus encore comme conséquences d'une technique d'écriture très antérieure à cette évolution. Il me paraît, à cet égard, extrêmement probant que la poussée virulente du contrepoint dans les dernières œuvres de Beethoven (fugue de l'op. 106, fugue pour quatuor, tout spécialement) ait été un tel danger pour le système tonal que ces œuvres devaient rester désormais complètement isolées pendant un siècle (car je ne compte pas Wagner comme contrapunctiste, non plus que Brahms, malgré le soin apporté à l'écriture des voix intérieures, soin qui ne relève pas d'un besoin contrapunctique, mais bien plutôt d'une nécessité de meubler l'espace sonore compris entre la partie supérieure et la basse – nous nous excusons encore pour ce langage « classe d'harmonie »). Dans ce domaine également, il n'était pas réservé à Schoenberg de faire la découverte essentielle – à savoir l'exigence de déduire la structure d'une œuvre des fonctions contrapunctiques, et d'elles seules : Webern, dans une série d'œuvres retentissantes – je pense au 1er mouvement de la *Symphonie pour orchestre de chambre*, au *Quatuor avec saxophone*, au *Concerto pour neuf instruments*, aux *Variations pour piano* et au *Quatuor à cordes* – devait implanter cette audacieuse conception qui rejoint le coup de boutoir beethovénien, et qui la justifie, en quelque sorte, *a posteriori*. Car il faut bien avouer que les constructions contrapunctiques de Schoenberg sont formelles plus qu'intrinsèques et que la teneur de son langage n'est pas inséparable de sa structuration : ce me semble le reproche le plus grave que l'on puisse faire à *Pierrot lunaire*, ce manque de cohérence profonde et de relation « utérine » entre le langage et l'architecture. De même que, pour Ravel, la preuve la plus irréfutable de son attachement au système tonal était de le voir, après les *Mallarmé*, adopter les fausses solutions de la polytonalité, de même nous pouvons à l'appui de notre précédente assertion suivre Schoenberg après *Pierrot lunaire*. Quand, au bout de sept ans de silence, Schoenberg écrira les *Cinq Pièces pour piano*, op. 23, et la *Sérénade*, op. 24, la technique sérielle à proprement parler sera virtuellement découverte ; quoique rudimentaire, elle est implicite, car elle vient par le biais d'une sorte d'*ultrathématisation*. Mais que remarquons-nous dans ces œuvres ? Une Marche, un Menuet, une Valse... la *Suite pour piano*, op. 25, comportera un Prélude, une Gavotte, une Musette, un Intermezzo, un Menuet, une Gigue ; de même le *Quintette à vent* se compose des 4 mouvements de la sonate beethovénienne. Nous sommes donc en mesure d'affirmer, dès cette simple énumération, que Schoenberg employa la technique sérielle naissante à englober les formes pré-classiques et classiques dans l'élaboration d'un monde régi par des fonctions antagonistes à ces formes elles-mêmes : l'articulation d'une architecture ne découlant pas des seules fonctions sérielles, le hiatus se précise entre l'édifice structurel de l'œuvre et la détermination de son matériau. Exprimons-nous plus simplement : la nouveauté du langage n'a rien changé aux modes de penser antérieurs à ce langage ; malaise qui ne fera que s'accentuer par la suite, puisqu'il pourra seul rendre compte – sans la justifier – d'une tentative de reconstituer le langage tonal à l'intérieur du système dodécaphonique : témoin cette *Ode à Napoléon* dont la faiblesse de pensée et l'indigence de réalisation sont tout à fait exemplaires. On m'objectera avec force que les formes pré-classiques et classiques utilisées par Schoenberg, dans l'op. 26, le *3e* et le *4e Quatuor*, ne sont pas des calques, mais se trouvent revivifiés par une complexité plus grande ; évidemment, je ne prends pas Schoenberg pour un kapellmeister arriéré dont la richesse d'imagination se limiterait à un travail de copiste consciencieux ou de bibliothécaire mal dégrossi. Il n'en reste pas moins que ces formes pré-classiques et classiques sont le plus parfait *contresens* qui se puisse déceler dans la musique contemporaine, contresens qui me paraît annihiler la portée de l'œuvre de Schoenberg d'une manière générale – œuvre tirée à hue et à dia par deux conceptions antinomiques : le résultat se révélera souvent catastrophique.

Si nous voulons, en effet, pousser encore plus loin notre enquête sur le langage de Schoenberg, nous reconnaîtrons obligatoirement que l'adoption de l'écriture dodécaphonique – j'insiste sur le mot « écriture » et sur ce qu'il peut représenter, en ce cas, d'incomplet – n'a pas changé les principes mêmes de base du langage tonal, et quelquefois parmi les pires, déjà auparavant entachés de déficience. Je veux parler des notions de mélodie, d'harmonie et de contrepoint envisagées comme fonctions séparées, notions valables dans le langage des XVIII⁰ et XIX⁰ siècles, encore que la supériorité de Bach, par exemple, ou du dernier Beethoven réside précisément dans l'intime unification de ces trois aspects du système tonal ; quant aux pires principes, nous citerons volontiers celui de la mélodie accompagnée, auquel Schoenberg n'a jamais renoncé (voir le début du *4e Quatuor*), et qui, transposé dans l'écriture sérielle, aboutit à des résultats qui laissent dubitatif sur l'utilité de sa survivance. C'est toujours grâce à cette méconnaissance des fonctions sérielles à proprement parler que Schoenberg a été amené à conserver cette notion de *partie principale* et de *partie accessoire* – qui dérive, du reste, des notions dont nous parlions plus haut – et qu'un Webern se refusera toujours à admettre. En somme, au point de vue de l'écriture, qu'est-ce qui est changé, sinon l'aspect formel dans la manière d'écrire ? Nous savons, aussi bien que quiconque, toute l'importance de ce « changement », sans lequel la musique valable de ces quarante dernières années n'existerait pas ; mais nous nous devons de mettre en valeur – contre les exégètes unilatéraux et par simple honnêteté, pour tâcher d'éclaircir la situation musicale de notre temps – ce que peuvent avoir d'extrêmement incomplet et même de réactionnaire la pensée et l'œuvre de Schoenberg. Car un autre aspect de leur « contre-sens » apparaît dans la rythmique qui n'est autre que la rythmique classique recouverte, elle aussi, d'une complexité dont la ruse, rendue si visible par certaines naïvetés à l'emploi sans bonheur, a fait long feu.

Si vous vous le rappelez, nous avons trouvé dans le *Strawinsky* de Paul Collaer, afin d'expliquer le langage harmonique du *Sacre*, un *a priori* assez bouffon ; nous en trouvons un du même ordre dans le *Schoenberg* de René Leibowitz * qui rend compte de la carence rythmique manifeste dans l'œuvre entier des trois Viennois, à part les exceptions Webern. «Je tiens à dire», écrit René Leibowitz, «que l'authentique tradition polyphonique n'admet pas la *notion du rythme en soi*[1]. Le rythme n'est rien d'autre qu'un élément qui *naît spontanément*[2] en même temps que les figures sonores horizontales et verticales, parce qu'il est précisément l'élément qui articule le déroulement de ces figures, élément sans lequel aucun discours sonore ne serait concevable». Cette définition est éminemment proche de ce que les alchimistes appelaient phlogistique pour expliquer la combustion. Je passe certaines phrases quelque peu absurdes sur le rythme chez Strawinsky, dont j'ai déjà démontré l'extrême nouveauté de construction par cellules variables, génératrices par elles-mêmes d'une structure, – à rapprocher des rythmes africains ou hindous – en même temps que le côté embryonnaire de cette nouveauté (mais le langage de Strawinsky autorisait-il plus grande complexité ?) et j'arrive à cette conclusion clef : «Il n'est donc guère possible d'étudier le rythme en dehors des formules mélodiques, harmoniques et contrapunctiques dans lesquelles il s'incarne.» Nous nous rendons compte ainsi avec quelle courte vue des problèmes qu'il comporte, le rythme est escamoté : toute l'aventure de

---

* René Leibowitz, *Schoenberg et son école*, Paris, Janin, 1946 (*N.d.É.* 1998).
1. C'est moi qui souligne.
2. C'est moi qui souligne.

Schoenberg consistera à reprendre à la tradition classique la notion de division d'une grande valeur en parties égales, et à varier les appuis rythmiques à l'intérieur de ces parties égales ou à donner la prépondérance d'accent à l'une d'entre elles ; c'est-à-dire obéir à cette loi caduque de l'opposition des temps forts et des temps faibles ou des parties fortes et parties faibles des temps ; car ruser avec elle, c'est encore lui obéir. La conception du mètre régulier de base – entraînant la périodicité des pieds, ou même leur unicité – en tant que plus grand commun dénominateur du rythme, doit laisser la place, vu la plus grande complexité de l'écriture, à cette notion féconde du plus petit commun multiple, généralisation rationnelle des découvertes de Strawinsky. Pour avoir employé inutilement de gauches camouflages de la métrique grecque, Schoenberg a affaibli encore la cohérence de son langage, comme Strawinsky, impuissant à résoudre le problème de l'écriture, n'avait pu pousser plus profondément ses investigations rythmiques.

Ceci nous a évidemment entraîné assez loin du *Pierrot lunaire* lui-même. Mais, j'ai voulu ainsi montrer que cette œuvre n'a pas une place exceptionnelle dans l'évolution de Schoenberg et que le mythe du renouveau, cristallisé autour d'elle, pouvait l'être aussi bien autour des *Pièces pour orchestre*, op. 16, ou d'*Erwartung*, par exemple. Seule, peut-être, la facilité de présenter cette œuvre grâce à sa petite formation de chambre lui a valu cette place prépondérante. Ceci nous amène très naturellement à parler de la composition instrumentale de *Pierrot lunaire*. Nous avons déjà vu à propos de

Ravel et de Strawinsky que cette forme d'écriture instrumentale procédait chez Schoenberg de l'écriture contrapunctique ; qu'elle avait été *choisie* par lui, alors qu'elle avait été *adoptée* par les deux autres. C'est le moment de remarquer une réversibilité de l'instrumentation et du texte qui appelle cette instrumentation ; car le texte écrit contrapunctiquement réclame une individualisation de chaque ligne par l'individualisation des instruments composants et vice-versa. Nous avons remarqué chez Strawinsky, sous des aspects apparemment semblables, l'irréversibilité de ces deux notions. Nous ne pensons pas avancer cette assertion sans preuve : il est extrêmement important en effet que les pièces sur la *Lyrique japonaise* sont écrites constamment pour le même nombre d'instruments – comme *Pribaoutki*, le cas de *L'Histoire du soldat* étant différent pour beaucoup de raisons – ainsi, d'ailleurs, que les *Poèmes de Mallarmé*, tandis que la disposition et l'objectif instrumentaux varient à chaque pièce du *Pierrot lunaire*. Je ne parle pas de l'alternance de la flûte, de la clarinette et du violon avec, respectivement, le piccolo, la clarinette basse ou l'alto, alternance qui me semble due autant à une commodité d'exécution. Je mets évidemment l'accent sur le groupe-variation instrumentale d'un poème à l'autre. Mais cela est si connu (la fameuse flûte solo de la 7e pièce, par exemple) qu'il y aurait beaucoup de lourdeur à s'étendre plus longuement. Je ferai cependant une seule réserve : à savoir que l'emploi du piano n'est quelquefois pas très convaincant et se rattache par trop visiblement à la conception Brahms de la musique de chambre avec piano ; emploi qui arrive à créer un déséquilibre sonore.

Nous n'avons pas encore abordé la *Sprechstimme*. Je constaterai d'abord que sa découverte ne date pas du *Pierrot lunaire*, mais que Schoenberg en avait déjà précisé la technique dans *Die Glückliche Hand*, opéra légèrement antérieur. Nous voilà en présence d'un des moyens d'expression vocale les plus valables qu'on ait jamais employés, clôturant cette fastidieuse discussion, durant depuis deux siècles, sur la primauté relative du vocal pur, en tant que convention reconnue, ou du chant reproduisant le plus fidèlement possible les inflexions du langage parlé : antinomie de l'opéra italien et de l'opéra français, de Wagner et de Debussy, sans oublier le problème des récitatifs depuis Monteverde. Cette incorporation du langage parlé au langage chanté est la seule solution envisageable, me semble-t-il, pour résoudre certaines énigmes particulièrement difficiles à propos de la superposition poème-musique. C'est avec une grande précision d'écriture que se présente cette solution, puisque dans plusieurs pièces il y a des imitations strictes entre la voix parlée et les instruments. Notons, en passant, que le manque de précision – ou, si l'on veut, une illusoire minutie – dans la notation rend complètement arbitraire l'écriture du récitant dans l'*Ode à Napoléon*.

Il nous reste à faire remarquer à ce sujet combien Berg s'est servi habilement de ce procédé dans *Wozzeck*; mais également – et nous en avons cherché vainement une raison, sinon dans une intransigeance explicable par une extrême volonté de pureté – nous observerons que Webern ne s'est jamais servi de ce procédé dans les œuvres vocales importantes que représentent ses cantates, *Das Augenlicht*, op. 26, et les op. 29 et 31, non plus que dans les recueils antérieurs des mélodies.

Il est certain que les caractéristiques primordiales du *Pierrot lunaire* furent la rupture des fonctions tonales, la courte durée des pièces, leur instrumentation individualisée, enfin la *Sprechstimme*. Mais une telle nouveauté était déséquilibrée par la carence rythmique – je l'ai déjà expliqué – et aussi, je pense, par l'esthétique qui se dégageait du *Pierrot lunaire*, car Schoenberg participe de toute sa sensibilité au post-romantisme allemand du XIXᵉ siècle. Il a fallu une énergie extraordinaire à Debussy pour pouvoir écrire les premières mesures de l'*Après-midi d'un faune*, mais grâce à cette prise de conscience d'un nouveau sens poétique, tout le lourd héritage Wagner était liquidé ; Debussy est vraiment grand, qui a su profiter des découvertes du langage wagnérien et en répudier l'esthétique. Schoenberg a, certes, poussé plus loin la découverte morphologique, mais jamais il n'aura eu assez de force pour se dégager de cette sensibilité héritée trop directement de Wagner et de Brahms. C'est pourquoi l'œuvre de Schoenberg – et son *Pierrot lunaire*, en particulier – me paraît buter assez vite dans un monde clos depuis longtemps, qui ne correspond en rien à une dialectique actuelle de l'expression poétique.

On pourrait juger facile de faire un tel procès avec plus de trente ans de recul. Il serait plus équitable, certes, d'essayer de considérer les problèmes avec l'optique 1912. Il y a, néanmoins, des raisons objectives qui m'ont incliné à porter un jugement assez sévère sur l'œuvre de Schoenberg, j'espère m'en être expliqué assez clairement. Que cette œuvre ait été, en quelque sorte, utilitaire plutôt qu'utile, je suis le premier à le reconnaître, à m'en réjouir et à en profiter. La rénovation de l'écriture que *Pierrot lunaire* impliquait à cette époque, resta immense par rapport à ce que les créateurs contemporains pouvaient proposer, même s'ils le faisaient en toute bonne foi et avec danger, tel le Ravel des *Mallarmé*. Que l'enseignement n'ait pas été profitable aux Français de 1920, c'est évident, et désastreux ; je transcris cette phrase de Paul Landormy, représentative de l'état d'esprit d'alors : « Dans tout cela, peu de chose à prendre pour les Français, sinon un encouragement à l'audace. » La bêtise de cette prise de position est par trop criante aujourd'hui : je ne pense pas qu'elle fut provoquée par des considérations sur les manques de la technique schoenbergienne, difficiles à percevoir pour des gens dont, pour la plupart, la moindre qualité n'était pas la conscience dans leur métier. Mais Debussy, Ravel et Strawinsky avaient déjà apporté une nouvelle manière d'« être » – musicalement parlant – qui rendait impossible, surtout pour des moutons de Panurge de cet acabit, tout contact avec la sensibilité schoenbergienne ; et, lorsqu'on sait comme les esthètes du temps se décourageaient vite, et souvent, il était inéluctable qu'en face d'une œuvre dont il fallait approcher avec un extrême discernement, une grande patience et de parfaites connaissances techniques, la réaction générale ait été la débandade excusée au nom de considérations principalement ethniques. La stupidité avait supplanté une bonne volonté déjà fort inconsistante. Tout le monde allait se tourner, et pour longtemps, – comme c'était plus simple et plus reposant ! – vers les pitreries maigrelettes d'un Satie ou d'un Strawinsky ; quant au « clair génie français », il était plus que jamais omnipotent en la matière : phase de l'entre-deux guerres écœurante à force de nullité, à quelques exceptions près. La génération suivante ne comprit pas davantage l'importance d'une œuvre qui se résumait toujours, ou peu s'en fallait, à *Pierrot lunaire*. La légende de Schoenberg, musicien « maudit », était sérieusement implantée, et sa fausse vérité confortable.

Pour moi, en 1949, je me refuse à corroborer cette mythomanie plus longtemps, serait-ce par omission. Par l'absence d'un phénomène total, je ne peux, pas plus dans Strawinsky que dans Schoenberg, reconnaître le « Prophète », – une religion, quelque étendard qu'elle arbore, étant toujours preuve d'indigence. Il est mieux de noter le jeu de balance qui se peut établir entre les deux compositeurs, par suite de défauts symétriques, hypertrophiés, et conduisant à peu près au même résultat : l'atrophie partielle de leur œuvre. L'impression la plus évidente pour moi, à l'audition des *Mallarmé* de Ravel, de la *Lyrique japonaise* de Strawinsky et du *Pierrot lunaire*, était un même sentiment d'avortement sur trois trajectoires bien différentes : œuvres impuissantes à résoudre les problèmes de cette époque – à les envisager même dans leur totalité ; j'ai expliqué suffisamment, à propos de chacune d'elles, les raisons parfois contradictoires de leur échec. Pouvait-il en

être autrement? Je n'instruis pas un procès. Je ferai
remarquer, en tous cas, que ces trois œuvres – laissant,
évidemment, une légère marge de temps derrière
elles – indiquent un zénith dans l'évolution de ces
trois musiciens. Car, de trois manières différentes, ils
vont pratiquer une sorte de néo-classicisme ; Ravel sur
les bases du langage tonal dans son acception cohérente ; Strawinsky, sur les mêmes bases avec un arbitraire qui le conduira à l'incohérence et à la gratuité
totales ; Schoenberg, ayant découvert le langage dodécaphonique cohérent. Cela donnera respectivement :
Le Tombeau de Couperin, l'*Octuor pour instruments à vent*,
la *Suite*, op. 25, pour piano. L'on pourra m'objecter
une certaine échelle de valeurs s'établissant dans ce
parallélisme même : à savoir Schoenberg, Ravel, Strawinsky. Les palmarès ne m'intéressent pas, et ces
œuvres ne tirent aucun prestige de leur variable degré
d'inutilité ; leurs défauts s'y reflètent d'une manière
au moins aussi désagréable : afféterie de truqueur
chez Ravel, « angélisme » compassé et sûr de lui-même
chez Schoenberg, abjection pure et simple chez Strawinsky ; et, en commun, l'ennui !

Je tiens à m'expliquer, en dernier lieu, sur le côté
documentaire du *Pierrot lunaire* et de l'œuvre schoenbergienne en général. Il est indéniable, en effet, que
l'essor de Webern a eu besoin de ce tremplin. Mais à
vrai dire, les *Cinq Mouvements pour quatuor à cordes*,
op. 9, de Webern – datant de *1909* – manifestent déjà
une prise de position autrement virulente que les
œuvres de la même époque de son maître, prise de
position qui aboutit, en quelque sorte, à les annihiler.

Serait-ce la seule justification de Schoenberg? Il semble, presque. Mais, en écrivant cela, n'a-t-on pas l'air de vouloir pousser le paradoxe jusqu'à l'absurde? Et pourtant...

Adressons donc une pieuse pensée au fameux Pélican! Cela rassurera bon nombre d'esprits sains... et n'inquiétera vraisemblablement guère les autres.

P. B.

Post-scriptum

Et cependant, à l'occasion d'une exécution exceptionnelle de *Pierrot lunaire* – par Marya Freund et l'Ensemble philharmonique de Rome sous la direction de Pietro Scarpini –, exceptionnelle de qualité et de cohésion, nous avons bien été obligés de reconnaître l'emprise sonore et l'efficacité indiscutable du « climat » de cette œuvre, et cela malgré la distance – dont j'ai déjà parlé – qui nous sépare de l'esthétique à la fois postromantique et expressionniste présidant à son élaboration.

Variations *Schoenberg*

par André Schaeffner

Ces notes d'histoire littéraire et musicale furent esquissées d'abord sous un autre titre : «Pourquoi Debussy n'a-t-il pas composé *Pierrot lunaire* ? » Debussy eût pu le composer ; presque certainement a-t-il connu avant Schoenberg les textes poétiques dont celui-ci s'est servi ; une vingtaine d'années au moins avant que Schoenberg entreprenne d'écrire son mélodrame. Mais Schoenberg mit toujours un certain temps à se décider. Entre les deux musiciens, dont on oublie qu'une demi-génération seulement les sépare, s'est jouée une partie que raconte la fable du Lièvre et de la Tortue. Schoenberg a « brouté » et s'est « amusé à toute autre chose » qu'à la musique. Il a brouté et, tout Lièvre qu'il est, a beaucoup ruminé. Il a peint, a rédigé un *Traité d'harmonie* d'environ cinq cents pages, s'est aperçu dix années après Debussy que *Pelléas* constituait un sujet fort convenable, a mis encore plus de temps à se libérer du wagnérisme *(Verklärte Nacht* est

Article paru dans le numéro 7 de la revue Contrepoints *en 1951 et publié ici dans sa version originale. Les quelques retouches apportées par son auteur lors de sa publication dans son ouvrage* Essais de musicologie et autres fantaisies *(Le Sycomore, 1980) sont signalées en note.*

postérieure de peu aux *Nocturnes*), a laissé inachevée une *Échelle de Jacob* faute d'une gamme pour y monter, et n'a redécouvert la tonalité qu'assez récemment. Je soupçonne maintenant que le fabuliste s'est trompé dans son histoire : ce doit plutôt être Debussy qui s'est amusé et Schoenberg qui a « porté une maison ». Dans tous les cas Debussy est arrivé le premier. Et c'est ce que dira l'Histoire.

Pourquoi Debussy n'a-t-il pas composé *Pierrot lunaire* ? Pour une raison esthétique. Sans doute Debussy, ayant choisi *Pelléas*, n'avait-il plus à revenir à *Pierrot lunaire*. Schoenberg a pensé exactement le contraire et est allé de *Pelléas* à *Pierrot lunaire*, renversant ainsi l'ordre qu'avait suivi la littérature. À vrai dire n'a-t-il fait que passer à côté du vrai *Pelléas*. Entre les deux *Pelléas*, comme entre *Tristan* et *Boris Godounov*, qui leur correspondent exactement dans le passé, un intervalle d'une dizaine d'années s'est écoulé[1]. Ce qui s'est déroulé dans un sens ne peut se dérouler à nouveau en sens inverse. Sans doute faut-il mettre au compte du hasard que Debussy et Schoenberg, dans l'ignorance l'un de l'autre, se soient servis de la même œuvre de Maeterlinck. Il est cependant assez significatif qu'accumulant les retards Schoenberg ait vu *Pelléas* sous une optique « tristanienne ». Entre-temps Debussy avait engagé l'avenir de la musique. C'est ce que feignent de ne pas comprendre les disciples de Schoenberg. De nos jours l'on édifie des théories opposant Schoenberg sinon Bartók à Strawinsky. Les

1. *Tristan* fut achevé en 1859 et la première version de *Boris* date de 1869. Debussy commença la composition de *Pelléas* vers 1892-1893 et Schoenberg orchestra en 1903 son poème sur *Pelléas*.

deux termes à opposer restent, comme vers 1914, Debussy et Schoenberg. Debussy lui-même l'avait vu de façon pénétrante ; alors que Strawinsky autant que Bartók ont oscillé entre ces deux points extrêmes. Dès lors se formule une seconde question : quelle connaissance Debussy avait-il de l'œuvre de Schoenberg ? Dans le cercle de musiciens qui devait constituer l'école de Paris que savait-on de l'école viennoise ? En essayant d'y répondre je rétablirai un peu d'ordre parmi de menus faits que Pierre Boulez bouscule en toute innocence. Dans un précédent article de cette revue ce sont moins les opinions excessives de l'auteur qui me choquent que le titre lui-même : *Trajectoires*. Il ne semble pas que Boulez se doute de la précision mathématique que l'on apporte à l'étude des trajectoires.

Il me faut remonter en 1884. Alors parut chez l'éditeur Lemerre un petit volume d'une centaine de pages ; l'auteur, un poète belge, Albert Giraud, était à peu près inconnu ; le titre, *Pierrot lunaire*, ne deviendrait célèbre qu'une trentaine d'années plus tard. Giraud appartenait à ce que l'on appela « le Parnasse de la Jeune Belgique ». Or le Parnasse approchait de son déclin ; les « jeunes » écrivains se portaient vers le symbolisme ou ce qui fut qualifié, cette année même, d'école *décadente*. En février Verlaine avait publié ses *Poètes maudits* qu'en mai suivit *À rebours ;* l'année d'après paraîtrait la *Prose pour des Esseintes*, pièce réputée la plus hermétique de Mallarmé, ainsi que *Les Déliquescences d'Adoré Floupette*, parodie et mystification, signes certains de la consécration ; 1886 révélerait les *Illuminations* tandis que serait réédité *L'Après-midi d'un faune*, ces deux œuvres achevées bien des années auparavant. Le mal n'était point que *Pierrot lunaire* vînt si tard mais que sa forme fût entachée de prosaïsme et, pour tout dire, médiocre. Les libertés que prend Verlaine avec la langue, ses singulières impropriétés de termes étaient copiées lourdement et accusaient encore une laborieuse versification. Les octosyllabes retombaient sur des rimes sans surprise : fantasque, masque, bergamasque, basque, vasque. Les plus plats qualificatifs se répétaient : « pâle dandy », « pâle lavandière », « fleuve pâle », et jusqu'à « un très pâle rayon ». Rarement absence à ce point de talent a été au service d'un dessein cependant valable, à en juger par ses conséquences en poésie comme en musique. J'avoue n'avoir pas poussé loin mes recherches, mais je n'ai trouvé mention de *Pierrot lunaire* pas plus en des correspondances de l'époque que chez les historiens du symbolisme ; seuls quelques écrivains belges en ont parlé, notamment Francis Nautet dans son *Histoire des lettres belges d'expression française* (1892). Il ne semble pourtant pas que le recueil de Giraud passa inaperçu. Sept ans après, en 1891, le même auteur, fidèle à son personnage de Pierrot, publie à Bruxelles chez Lacomblez, devenu l'éditeur de Maeterlinck, un *Pierrot Narcisse*. Le premier *Narcisse* de Paul Valéry, *Narcisse parle*, est de très peu antérieur et *Le Traité du Narcisse* d'André Gide suivra également de peu, en 1892. Comme nous le montrerons à propos de *Pierrot lunaire*, si médiocre poète qu'apparaisse Albert Giraud, son œuvre n'en reflète pas moins les goûts d'une époque pour des thèmes déterminés ; à ce titre peut-il être considéré comme un témoin utile.

Il n'est même pas certain que Giraud n'ait pas joué un rôle plus actif. En 1892 le poète et conteur Otto Erich Hartleben publie une adaptation en vers allemands de *Pierrot lunaire*. C'est d'après ce texte très libre, dont il conserve le titre français, que Schoenberg dix ans après compose son célèbre mélodrame.

Je reviens au *Pierrot lunaire* de 1884, celui de Giraud. Je n'ai pu déterminer exactement quand il parut chez Lemerre. L'achevé d'imprimer est daté du 30 juin 1884. Or, en juillet Jules Laforgue se trouve dans l'île de la Mainau, sur le lac de Constance, où il a suivi l'impératrice Augusta, dont il est le lecteur. C'est durant ce séjour que Laforgue aurait projeté d'écrire *L'Imitation de Notre-Dame la Lune*, recueil de vers qui parut chez Vanier en 1886. Nous en avons deux témoignages de la main même de Laforgue. D'abord la dédicace du livre :

> Ah ! quel juillet nous avons hiverné,
> *Per amica silentia lunæ !*
> ÎLE DE LA MAINAU
> (Lac de Constance).

Enfin, un passage d'une lettre que Laforgue écrivit à Gustave Kahn, lettre publiée par G. Jean-Aubry et que celui-ci date approximativement d'avril 1885 : « Je me suis remballé pour les vers, figure-toi que je veux faire imprimer [...] une mince plaquette, quelque chose comme *contribution* (Beiträge) au culte de la lune, plusieurs piécettes à la Lune, un décaméron de Pierrots, et sur les succédanés de la lune pendant le jour, les perles, les phtisiques, les cygnes, la neige, et les linges [...]. J'ai rattrapé cet enthousiasme d'une paperasse retrouvée où il y avait un tête-à-tête très senti avec la Dame Blanche en question, une nuit de juillet dernier de ma fenêtre à l'île de la Mainau, sur le lac de Constance (une jolie époque encore !). Voilà la chose[2].» Selon moi, tel que Laforgue esquisse le sujet de son prochain recueil, ce bref aperçu évoque plus *Pierrot lunaire* que *L'Imitation de Notre-Dame la Lune.* Or les deux œuvres sont très dissemblables, sans parler des niveaux différents où elles se placent. Seule une pièce de Laforgue, intitulée d'ailleurs *Les linges, le cygne,* correspond aux thèmes indiqués par lui ; encore y manque-t-il les perles, la neige et les phtisiques. Les perles, ces «succédanés de la lune», se découvrent, ainsi qu'un diamant, en une autre pièce, *États :* elles sont insérées au milieu d'une litanie, entre choses ayant des affinités avec la Lune.

> Ô toits, terrasses, bassins, colliers dénoués
> De perles, tombes, lys, chats en peine...

Et nous songeons par contraste au thème si insistant, trois fois exposé, des «rouges rubis» *(Rote, fürstliche Rubine)* dans la pièce de Giraud comme dans celle de Hartleben-Schoenberg. Si du motif des bijoux nous passons à celui de la neige, ce dernier également ne paraît qu'une fois, et encore sous la forme suivante :

> Et les ciels familiers lisérés de folie
> Neigeant en charpie éblouissante...
> *(La lune est stérile.)*

Quant aux phtisiques, nous les chercherions en vain dans tout le volume de Laforgue. Celui-ci les a laissés à Giraud :

---

2. *Nouvelle Revue française,* 1er mars 1941, p. 431-432.

Ô Lune, nocturne phtisique
Sur le noir oreiller des cieux...
(Lune malade.)

Comme un crachat sanguinolent,
De la bouche d'une phtisique...
(Valse de Chopin.)

Il n'est pas douteux qu'en 1885 Laforgue a eu sous la main *Pierrot lunaire*. Cette blancheur de neige qu'évoque sa lettre mais dont il fait peu cas en ses propres vers s'étend sur plusieurs pièces de *Pierrot lunaire* et entraîne à la suite les thèmes que lui-même reprend :

Le neigeux roi du mimodrame

Neige adorable du passé

Blancheurs de la Neige et des Cygnes,
Blancheurs de la Lune et du Lys.

Titre d'une pièce de Giraud, *Pierrot dandy* est exploité à deux reprises par Laforgue :

Ces dandys de la Lune
(Pierrots, II.)

Encore un de mes Pierrots mort

C'était un cœur plein de dandysme
Lunaire, en un drôle de corps.
(Locutions des Pierrots, XII.)

Se peut-il qu'il ait emprunté « les chants des lavandières » à *la Lune au lavoir* de *Pierrot lunaire*?

Comme une pâle lavandière

Au fil chantant de la rivière.

Sont-ce les mêmes « œufs d'or » que Giraud attribue à la lune *(Cuisine lyrique)* et Laforgue au soleil *(Un mot au Soleil pour commencer)* ? Ces astres, à leur coucher, se confondent en l'esprit de Giraud comme de Laforgue. Il peut paraître naturel que dans leurs symphonies en blanc les deux poètes usent de motifs identiques ; mais leurs symphonies en noir sont encore suffisamment proches et ne marquent que mieux la différence de talent.

> Et l'horizon semble un grimoire
> Barbouillé d'encre tous les soirs.
> (GIRAUD, Papillons noirs.)

> La Lune...
> Au fond de l'azur noir s'endort,
> Et dans les vitres se reflète.
> (GIRAUD, Cuisine lyrique.)

> Ma vitre pleure, adieu ! l'on bâille
> Vers les ciels couleur de limaille
> Où la Lune a ses funérailles.
> (LAFORGUE, Locutions des Pierrots, XIII.)

Si tout porte à croire que Laforgue s'inspira de *Pierrot lunaire* ou du moins y cueillit des motifs qu'il instrumenta différemment, une brève comparaison entre *L'Imitation de Notre-Dame la Lune,* les *Complaintes* et les *Moralités légendaires* établit que les trois œuvres sont bien de la même encre. Qui d'autre que Laforgue eût écrit :

> Ah ! sans Lune quelles nuits blanches,
> Quels cauchemars pleins de talent !

Qui d'autre, si ce n'est plus tard Léon-Paul Fargue, eut de ces songes cosmiques, de fin du monde, et fit jaillir de l'humour ces visions d'Apocalypse ? *Climat, faune et flore de la lune* anticipe sur une littérature que nous avons vu se développer de nos jours.

> Ô Radeau du Nihil aux quais seuls de nos nuits
>
> Oasis, solfatares, cratères éteints,
> Arctiques sierras, cataractes l'air en zinc
>
> Et vous, Fœtus voûtés, glabres contemporains
> Des Sphinx brouteurs d'ennuis aux moustaches d'airain
>
> Oui, gélatines d'hippopotames en pâles
> Flottaisons de troupeaux éclaireurs d'encéphales ;
> Pythons en intestins de cerveaux morts d'abstrait.

De pareilles extravagances ne se retrouvent point dans *Pierrot lunaire*. Ses pieds ne quittent pas terre et s'empêtrent dans toute une friperie où se reconnaissent les accessoires d'Aloysius Bertrand, de Verlaine, de moindres chansonniers ou, pis encore, de rapins montmartrois. Giraud glisse, hélas ! un rayon de lune :

> Sur le dos de son habit noir,
> Pierrot-Willette sort le soir
> Pour aller en bonne fortune.

Nous voici bien loin des « lunologues éminents », ainsi que les nomme Laforgue et parmi lesquels sans aucun doute compte-t-il Baudelaire [3].

3. Dans une lettre à Gustave Kahn, antérieure de quatre années à celle déjà citée, Laforgue énumère quelles sont pour lui « les grandes pièces » des *Fleurs du mal* et ajoute : « Mais j'adore *Tristesse de la lune, La Lune offensée*, etc. » (cf. *N.R.F.*, fév. 1941, p. 295). Il y eût pu joindre *Les Bienfaits de la lune*, poème en prose du *Spleen de Paris*, où je cueille au hasard : « la nourrice empoisonneuse de tous les *lunatiques* », « un poison lumineux », « les fleurs sinistres qui ressemblent aux encensoirs d'une religion inconnue ».

Il faut rendre témoignage à Schoenberg qu'il ne connut de *Pierrot lunaire* qu'une version amendée. Lorsque le mélodrame de Schoenberg fut exécuté pour la première fois à Paris, son admirable interprète Marya Freund avait désiré le chanter en français[4]; Jacques Benoist-Méchin substitua donc au texte allemand de Hartleben non pas exactement les vers originaux d'Albert Giraud mais une sorte de compromis entre ceux-ci et la version sur laquelle avait travaillé Schoenberg. Ainsi s'explique que nous entendîmes des paroles telles que «nocturne phtisique» au lieu de la forme transposée par Hartleben – [*Du nächtig todeskranker Mond*] – et que seule connut Schoenberg. En confrontant, pièce par pièce, les deux *Pierrot lunaire* de Giraud et de Hartleben, l'on constate qu'après Laforgue, qu'il ignora, le poète allemand se tient à distance du texte et se permet d'heureuses libertés. Des images grossières sont épurées, un langage de poète carabin disparaît. Dans la *Valse de Chopin* le «crachat sanguinolent» de la phtisique devient *ein blasser Tropfen Bluts*, une pâle goutte de sang sur les lèvres d'une malade. Des titres de pièces sont modifiés, où souvent tombe le nom de Pierrot: *Pierrot dandy* n'est plus que *Der Dandy*; *Pierrot voleur*, *Der Raub*. *Départ de Pierrot* se change en *Heimfahrt*, qui est bien plutôt un retour – un «retour à Wagner», tant il consonne avec le *Rheinfahrt* de la Tétralogie et que le jeu de mots

4. Une sélection de *Pierrot lunaire* fut exécutée aux Concerts Jean Wiéner le 15 décembre 1921; la première audition intégrale eut lieu le 16 janvier 1922 et fut suivie d'une deuxième, le 10 mars.

reste plausible avec le sous-titre de Barcarolle apposé
par Schoenberg. La plaisanterie macabre de *Pierrot
cruel*, enfumant le crâne de Cassandre, est jugée
impitoyablement : en tête de la pièce s'inscrit *Gemein-
heit*, vulgarité ou bassesse, que suit un point d'excla-
mation. Aussi bien Hartleben que Schoenberg
conservent leur lucidité et avec une pleine connaissance de ce qu'ils font, coquettent avec le mauvais
goût. Je soupçonne qu'aux schoenbergiens de la
dernière heure échappe tout un aspect malicieux
et caricatural, *witzig*, de l'œuvre. S'il fut le premier,
Laforgue n'est point le seul à avoir imaginé Pierrot
fumiste. Le mélodrame de Schoenberg tourne parfois
à une *commedia dell'arte* viennoise, et pas uniquement
à cela. Deux coups de pouce sont d'abord donnés
par l'adaptateur allemand. La scène change : l'on
quitte les Flandres, les tréteaux de Shakespeare,
mais aussi une Italie d'une convention et à la fois
d'une géographie trop appuyées. Le nom de Shakespeare disparaît de la *Gebet an Pierrot* et celui de Bergame tend à s'effacer. La pièce intitulée *Parfums de
Bergame* se présente uniquement sous les premiers
mots du vers allemand « *O alter Duft...* ». Le Maryland
que fume Pierrot devient du tabac turc ; de même
le sabre blanc auquel Giraud compare le croissant de
la lune est traduit par *Türkenschwert*. Un orientalisme
s'esquisse, en accord avec le goût de l'époque. C'est
à l'ombre d'un théâtre d'ombres que vont jouer
les musiciens de Schoenberg. Et c'est d'ailleurs ainsi
que sera d'abord imaginé le spectacle : les instrumentistes cachés derrière un paravent, seule en scène
la cantatrice ; Schoenberg eut toujours le goût du

monodrame [5]. Quant à la « *Sprechmelodie* », son principe se trouve déjà dans la déclamation chantée du théâtre extrême-oriental.

Revenons à Bergame avec Debussy. Fut-il avec Laforgue du petit nombre de ceux qui eurent entre les mains le recueil d'Albert Giraud ? Je me suis expliqué ailleurs sur la difficulté de savoir ce que Debussy a connu au juste de la musique de son époque, et de la musique russe principalement [6]. Je n'ai pas lieu de m'attarder sur le problème que pose la discrétion d'un auteur sur ses sources d'inspiration, en particulier lorsque ce dernier s'enveloppe, comme Debussy, dans un manteau couleur de muraille. Debussy a toujours connu plus qu'il n'en a laissé paraître. Le choix de ses titres aussi témoigne d'une curiosité diffuse et remonte aux origines les plus variées. M. Croche ressemble assez à M. Teste pour que Valéry en ait marqué de l'humeur ; *La Terrasse des audiences du clair de lune* provient, à une préposition près, d'un reportage dans le journal *Le Temps*. Nous devons à Léon Vallas cette dernière découverte ; mais lorsque ce même musicologue avance que le

---

5. Je savais par Strawinsky lui-même, qui me l'apprit vers 1929, ce détail de mise en scène. Dans son compte rendu de la première exécution de *Pierrot lunaire* le critique Siegmund Pisling écrit : « *Nur Fräulein Zehme war sichtbar ; Herr Schoenberg (Dirigent) und seine Instrumentalisten verweilten hinter dunklen spanischen Wänden.* » (*Berliner National Zeitung*, 11 octobre 1912).

6. André Schaeffner, « Debussy et ses rapports avec la musique russe », à paraître dans *Domaine de la musique russe* (sous la direction de Pierre Souvtchinsky) *.

* Cet article a été publié dans *Essais de musicologie…, op. cit.* ; il est réédité dans *Variations sur la musique, op. cit.* (N.d.É. 1998).

titre de la *Suite bergamasque* « constitue évidemment
une réminiscence de Verlaine » et soutient d'autre
part que, vers 1914, Debussy « ne connaissait rien de
Schoenberg et se proposait seulement de lire un quatuor de cet auteur », fort de ce que je sais de Debussy,
puis-je émettre quelques doutes[7]. Debussy, tel
Laforgue, n'avait pas lu que Verlaine ; nous verrons
ensuite qu'il devait en savoir assez sur Schoenberg
pour désirer n'en pas connaître plus.

La première pièce du recueil de Giraud s'ouvre par
les vers suivants :

> Je rêve un théâtre de chambre,
> Dont Breughel peindrait les volets,
> Shakspear, les féeriques palais,
> Et Watteau, les fonds couleur d'ambre.

Si pauvre qu'en soit la forme, ces vers parus en 1884
tracent les lignes d'une esthétique théâtrale qui deviendra celle de Maeterlinck, de Debussy et de bien
d'autres. Ce « théâtre de chambre » précède l'invention
de la symphonie de chambre. Mais leurs deux destinées
vont se lier assez rapidement. L'on se représenterait
d'ailleurs mal l'évolution de la musique moderne si à
son aspiration vers les cimes inaccessibles d'une
musique vraiment pure l'on ne joignait l'obsession
d'un théâtre imaginaire, exotique ou forain. Là encore
Debussy devance Schoenberg. Entre les *Trois Chansons
de Bilitis* et les *Six Épigraphes antiques* se place un mimo-
mélodrame de Pierre Louÿs et de Debussy, toujours sur
le même sujet de Bilitis et qui fut exécuté le 7 février

7. Léon Vallas, *Claude Debussy et son temps* (Paris, Alcan, 1932),
p. 105 et 351.

1901 – une année avant *Pelléas*; la voix d'une récitante était accompagnée par deux flûtes, deux harpes et célesta – composition assez proche de celle de *Herz-gewächse*, l'œuvre de Schoenberg qui prépare *Pierrot lunaire*[8]. Tentative sans lendemain, mais dont Debussy transmuera la matière en une Suite pour piano à quatre mains, sans le complément d'une voix récitante et, cela va de soi, sans le nom de Pierre Louÿs.

Venons enfin au terme de « bergamasque » qui rime avec « fantasque » dans la 3e pièce de Giraud, *Pierrot dandy*. Vallas ne songe qu'au *Clair de lune* dans *Les Fêtes galantes* de Verlaine. Le vers

Que vont charmant masques et bergamasques

a inspiré à Debussy uniquement un sujet de ballet, et au plus tôt en 1909; Diaghilew n'avait pas encore porté à la scène le *Prélude à l'Après-midi d'un faune*[9]. Dans la poésie de Verlaine le mot « bergamasque » ne présente aucun sens, sa seule raison est de jouer avec « masque ». On ne relève en le recueil entier des *Fêtes galantes* aucune autre allusion ni à la ville de Bergame,

---

8. Cf. *Correspondance de Claude Debussy et Pierre Louÿs* (Paris, Corti, 1945), p. 150-160 et 195-196. – La composition de *Herzgewächse* est exactement la suivante : voix, harmonium, harpe et célesta.

9. Cf. une lettre de Debussy à son éditeur Jacques Durand, datée du 18 juillet 1909 : « J'ai vu M. S. de Diaghilew accompagné de X. [...] Naturellement, je n'ai pas de sujet pour un ballet à volonté ; et voilà qu'ils me parlent de XVIIIe siècle italien !... pour des danseuses russes, ça me semble un peu contradictoire. » Debussy écrivit un livret de ballet qui parut chez Durand, en 1910, sous le titre de *Masques et ber-gamasques* et dont la musique semble n'avoir jamais été composée. Debussy trouvait d'ailleurs le titre « lourd » (cf. lettre au même, 17 mai 1910).

patrie de Donizetti, ni à la *bergamasca,* danse puis motif instrumental dont se servirent des musiciens du XVIIe siècle [10]. Seul Albert Giraud a pris au sérieux, ou plus exactement au mot, Verlaine. Pierrot s'en va à Bergame, et bergamasque qualifie désormais un genre. *Pierrot lunaire* porte un sous-titre : « Rondels bergamasques », qui eut assez de fortune pour induire Debussy à composer vers 1890 – donc avant la traduction de Hartleben – une *Suite bergamasque.* Ayant emprunté une fois à Giraud la matière d'un titre, Debussy n'avait plus d'intérêt à écrire *Pierrot lunaire.* L'on imagine ses sentiments vis-à-vis de Schoenberg qui recompose un *Pelléas* dix années après lui et découvre par surcroît un *Pierrot lunaire* dont il semblait que le compte fût réglé sous les espèces d'une Suite pour piano, de quelques Clairs de lune et de presque autant de Pierrots. Debussy appréciait peu les suiveurs, et moins encore ceux auxquels l'on fait une réputation de précurseur.

Le moins que l'on puisse dire est qu'à l'égard de Schoenberg Debussy éprouvait une nette antipathie. Était-ce à Budapest, ou n'était-ce pas plutôt à Vienne, qu'un premier coup lui avait été porté : un admirateur maladroit avait prêté à Debussy le mérite d'avoir supprimé simplement la mélodie. Cela se passait fin 1910. Devons-nous croire, avec Vallas, que de 1910 à

---

10. Les sources du *Clair de lune* se trouveraient-elles dans *Le Songe d'une nuit d'été* ? Au cours des divertissements offerts à Thésée, duc d'Athènes, paraît un personnage qui est le Clair de Lune, puis des clowns dansent une bergamasque.

1914 Debussy n'ait rien appris sur Schoenberg? Ce n'est pourtant pas entre 1914 et 1915, durant la première année de guerre, que Debussy remédia à cette ignorance. Or nous avons au moins une date précise, celle du 14 octobre 1915 ; ce jour Debussy écrit à son ami Robert Godet : « Strawinsky lui-même incline dangereusement du côté de Schoenberg... » Il n'avait pas rencontré Strawinsky depuis la fin du printemps de 1914, lors de la saison des Ballets russes, soit à Paris, soit à Londres. Il devait cependant le revoir quelques mois après – pour la dernière fois – comme l'atteste une autre lettre adressée à Godet et datée du 4 janvier 1916. Tout en exprimant son admiration pour Strawinsky il ironise en ces termes : « Il fait profession d'amitié pour moi, parce que je l'ai aidé à gravir un échelon de cette échelle du haut de laquelle il lance des grenades qui n'explosent pas toutes. » Sans doute Debussy avait-il sur le cœur un *Roi des étoiles* que Strawinsky fut bien mal inspiré de lui dédier et qui de toutes ses œuvres penche en effet le plus « dangereusement du côté de Schoenberg ». Cette œuvre remontait à 1911, et Schoenberg n'avait pas encore écrit *Pierrot lunaire*. Il semble qu'après *Petrouchka* Debussy ait vu avec inquiétude se développer des recherches de caractère expérimental qu'il n'approuvait pas. Même *Le Sacre*, qu'il entendit aux Ballets russes de 1913 puis en concert le 5 avril 1914, et dont la grandeur ne lui échappa point, fut accueilli par lui avec une certaine réserve. Satie m'a dit que Debussy en critiquait l'orchestration ; récemment Ansermet a rapporté un propos de Debussy sur la nature en quelque sorte infra-musicale de l'œuvre et qui étonne dans sa bouche tant il est en contradiction avec des idées émises naguère, sur la musique annamite notamment[11]. Debussy entendit *Rossignol*; mais connut-il les *Trois Poésies de la lyrique japonaise*? Strawinsky lui joua-t-il *Pribaoutki* ou déjà des fragments des *Noces* – alors *villageoises*? En aucune de ces œuvres – je reviendrai sur le cas des *Lyriques japonaises* – rien ne décèle une influence de Schoenberg ou n'en pouvait à cette époque donner le soupçon. Peut-être Strawinsky eut-il l'occasion de citer Schoenberg ou, selon son habitude, systématisa-t-il en paroles des projets auxquels son génie apporta toujours dans la pratique le correctif nécessaire. Dans la seconde lettre de Debussy lit-on : « Vieux, il sera insupportable, c'est-à-dire qu'il ne supportera aucune musique ; mais, pour le moment, il est inouï ! » En fait les œuvres que Strawinsky crée à ce moment comptent parmi les plus « russes » de toute sa musique. Des *Trois Petites Chansons*, contemporaines des *Lyriques japonaises*, aux *Quatre Chants russes* et même aux *Symphonies d'instruments à vent*, soit une période de six années, Strawinsky travaille en pleine matière russe et élabore une série d'œuvres grandes ou petites, unique probablement entre toutes les tentatives d'allier la musique de composition savante avec

11. Cf. Ernest Ansermet, *L'Expérience musicale et le monde d'aujourd'hui* (Neuchâtel, éd. de la Baconnière, 1948 [rééd. Paris, Laffont-Bouquins, 1989, *N.d.É* 1998]). Il suffit d'opposer à la phrase citée par Ansermet : « Le tambour nègre n'est tout de même pas encore de la musique », celle-là écrite l'année du *Sacre* : « Une petite clarinette rageuse conduit l'émotion ; un Tam-Tam organise la terreur... et c'est tout ! » L'article d'ailleurs entier de Debussy, auquel j'emprunte cette dernière phrase (cf. *S.I.M.*, 15 fév. 1913), pourrait passer pour une justification anticipée du *Sacre*.

les procédés de la musique populaire. *L'Histoire du soldat* elle-même bénéficie des aspirations de son auteur vers une espèce de métafolklore, entrevue d'abord à travers la musique populaire russe.

En décembre de cette même année 1916 Debussy, dans une brève préface à une série de causeries faites par divers auteurs, remarque : « Depuis quelques années, sans qu'on s'en soit aperçu, la musique française a souffert d'importations singulières[12]. » J'ai toujours pensé que Debussy visait là un mouvement qui se dessina, parallèlement à la mode de l'art munichois, en faveur de la nouvelle musique allemande ou autrichienne. Depuis 1912 plusieurs fois fut-il question de représenter le *Rosenkavalier* au Théâtre des Champs-Élysées ou à l'Opéra-Comique, – projet qui reçut confirmation dans les semaines précédant la guerre ; des œuvres de Gustav Mahler et de Schoenberg furent jouées à Paris ; Alfredo Casella lui-même se fit un moment le zélateur de Mahler, ce qui lui valut le surnom d'« Oiseau de Mahler » ; enfin, très peu de temps avant le commencement des hostilités suis-je à peu près certain d'avoir entendu parler d'une éventuelle exécution de *Pierrot lunaire*. À tort d'ailleurs Debussy put voir là les effets d'une entreprise concertée. Toujours en 1916 il signe la première de ses Sonates : Claude Debussy, musicien français. Réaction de patriotisme ou simplement souvenir de Laforgue dont Debussy invoque encore le nom en une lettre d'octobre 1916 ; « notre Jules Laforgue » avait écrit dans *L'Imitation de Notre-Dame la Lune*

---

12. *Pour la Musique française*, Paris, Crès, 1917.

> Et pourquoi je pars, foi d'honnête
> Poète
> Français.

Cette même Sonate pour piano et violoncelle portait primitivement un titre : *Pierrot fâché avec la lune*[13]. Nous ne sommes pas près d'épuiser le sujet des Pierrots et des Lunes ni de dénombrer toute la postérité de Giraud-Laforgue.

Contrairement à ce que laisserait croire René Leibowitz, les Français n'attendirent pas son arrivée ni même sa naissance pour découvrir le nom de Schoenberg et connaître des œuvres de ce dernier. Un lecteur attentif de *S.I.M.*, et Debussy dut l'être parfois, puisqu'il y avait ses défenseurs et qu'il y collabora, ne pouvait ignorer qu'à Vienne une nouvelle école s'était formée. Mais ici s'ouvre d'abord le chapitre des fausses nouvelles. Deux fois fut-il question de *Pierrot lunaire*, quand ce Pierrot ne devait rien à Schoenberg. En dehors de la *Suite bergamasque*, *Pierrot lunaire* fut l'objet d'au moins trois adaptations musicales, ce qui prouve le succès en Europe centrale de la traduction de Hartleben. De même qu'il y eut quatre *Pelléas* (Fauré, Debussy, Schoenberg, Sibelius), l'on compte trois *Pierrot lunaire*. Le premier remonte aux environs de 1906 et l'ironie veut que Debussy en ait eu connaissance à l'occasion de son propre *Pelléas*. Le compositeur de lieder Otto Vrieslander mit en musique le recueil entier d'Albert Giraud – soit quarante-huit mélodies. Dans un article consacré à la première représentation de *Pelléas* à Munich et reproduit dans

---

13. Léon Vallas, *op. cit.*, p. 366.

la revue *S.I.M.*, Alfred Westarp écrit : « Dans l'action
dramatique, Debussy, sans le vouloir, tombe encore
maintes fois dans l'outrance, à la façon du brutal
génie d'Otto Vrieslander dans son *Pierrot lunaire*[14].»
Deux années après, dans la même revue, Vrieslander
est nommé « le compositeur de *Pierrot lunaire*[15]». C'est
seulement l'année suivante que Schoenberg écrit son
mélodrame. Au cours de l'automne 1913 la Société
musicale indépendante fit entendre *Pierrot lunaire*,
mais ce n'était encore que six mélodies d'un jeune
compositeur hongrois, Géza Vilmos Zágon, qui fut tué
en 1918[16]. Or le *Pierrot lunaire* de Schoenberg avait été
exécuté à Berlin un an auparavant, et *S.I.M.*, trop
occupée avec Richard Strauss, n'en avait point
parlé[17]. C'est pourtant en cette revue que fut cité
pour la première fois le nom de Schoenberg, et dès
1910. Il me faudrait également placer vers cette
époque l'introduction du terme d'atonalité ; un
article de Camille Saint-Saëns, dirigé contre le « système atonique », ne visait cependant pas la musique
de Schoenberg mais plus vraisemblablement celle de
Debussy. À peine Debussy revenait-il de Vienne et
de Budapest[18]... Enfin parut en 1913, chez l'éditeur

14. *S.I.M.*, déc. 1908, p. 1313. Le *Pierrot lunaire* de Vrieslander avait
été publié chez Heinrich Lévy, à Munich.
15. *S.I.M.*, fév. 1911, p. 86.
16. *S.I.M.*, 1er janv. 1914, p. 50.
17. Hugo von Hofmannsthal parla d'*Ariadne auf Naxos* et Émile
Vuillermoz fut envoyé spécialement à Stuttgart pour assister à la
« semaine Richard Strauss » (*S.I.M.*, sept.-oct. et nov. 1912).
18. Camille Saint-Saëns, « L'anarchie musicale », dans le *Courrier
musical* du 1er janv. 1911.

Chapelier, une œuvre sur laquelle les atonalistes se taisent volontiers parce qu'elle devança celles de Schoenberg tant en matière d'atonalité que de lunologie musicale : quatre pièces pour piano, les *Clairs de lune* d'Abel Decaux, composées successivement en 1900, 1902, 1903 et 1907. J'ai un peu approché l'auteur, qui était organiste au Sacré-Cœur de Montmartre.

J'entends battre mon Sacré-Cœur.
(LAFORGUE, *Locutions des Pierrots*, XV.)

Je puis assurer que cet homme modeste était incapable de la moindre tricherie : ses pièces extraordinaires furent certainement conçues aux dates indiquées. L'histoire de l'art est toujours à réécrire. L'œuvre fut exécutée pour la première fois à la Société nationale avant avril 1914 [19].

Uniquement en la revue *S.I.M.*, qui se partageait entre la musique ancienne et celle d'avant-garde, ai-je relevé de janvier 1910 à avril 1914 douze mentions, comptes rendus et articles où le nom de Schoenberg ou le titre d'une de ses œuvres apparaît. À l'exception curieuse de *Pierrot lunaire*, le lecteur suit l'activité de l'école viennoise ; il est informé aussi bien de Webern que de Schoenberg. Du premier l'on signale des

---

19. « M. Decaux – écrit alors Paul Ladmirault – apparaît dans cette œuvre surprenante comme l'Arthur Rimbaud ou le Tristan Corbière de la musique » (*S.I.M.*, 15 avril 1914, p. 7-8). – Attaché au catalogue de la Bibliothèque du Conservatoire, je devais vers 1933 retrouver l'œuvre de Decaux parmi les « pièces d'intérêt secondaire ». Au Conservatoire, depuis Ambroise Thomas, toute allusion à la lune était malencontreuse.

mélodies, les cinq *Sätze* pour quatuor à cordes et les *Six Pièces pour orchestre* op. 6 ; de Schoenberg, *Verklärte Nacht*, les *Gurre Lieder*, *Pelléas et Mélisande*, les deux premiers quatuors, la *Kammersymphonie*, les pièces pour piano op. 11 et op. 19, les lieder des *Jardins suspendus*, les *Cinq Pièces pour orchestre* et jusqu'au monodrame *Erwartung*. Pierre Boulez apprendra avec satisfaction qu'il s'en fallut de peu que l'on parlât de Webern avant Schoenberg : en janvier 1910 l'on annonce que Schoenberg achève un monodrame (*Erwartung*) et que le quatuor Parent jouera à Paris un quatuor de Schoenberg (on ne dit lequel) ; mais dès mars rend-on compte d'un concert Webern qui fit scandale à Vienne [20]. Le 15 mars 1912 le compositeur et musicologue autrichien Egon Wellesz publie une étude sur *Schoenberg et la jeune école viennoise*, suivie du 3e mouvement (avec chant) du quatuor op. 10 ; l'on annonce que cette œuvre se trouve en dépôt chez l'éditeur Rouart-Lerolle ; en outre Wellesz cite une page entière du *Traité d'harmonie* paru récemment. Deux ans après, en avril 1914, une autre revue, *Les Cahiers d'aujourd'hui*, publie une seconde étude de Wellesz sur Schoenberg, accompagnée également d'une œuvre de celui-ci, une mélodie du *Livre des jardins suspendus ;* et cette fois est-il question de *Pierrot*

---

20. « Webern tient ses mélodies dans les limites d'une simple psalmodie, mais son harmonie est des plus étranges. Il a aussi composé cinq pièces pour quatuor dont chacune ne dure pas plus de dix minutes et qui rompent avec toutes les lois acceptées. Je les tiens pour des recherches d'impressions plutôt que pour des œuvres définitives. » En réalité, c'est l'ensemble des cinq pièces pour quatuor qui ne dure que dix minutes.

lunaire [21]. Debussy avait quelques raisons de feuilleter l'une ou l'autre de ces revues : dans la première il prit place comme critique et, dans la seconde, Ravel avait défendu les *Images* pour orchestre auxquelles le propre critique de *S.I.M.* avait fait un accueil réservé [22]. Enfin, durant les années 1910-1914, plusieurs œuvres de Schoenberg furent exécutées à Paris même : n'étant pas sûr de toutes je ne citerai que *Verklärte Nacht* au début de 1912, le lied de la « Waldtaube » des *Gurre Lieder* chanté par Marya Freund et dirigé par Oskar Fried en juillet 1913, enfin les deux recueils de pièces pour piano présentés à la Société musicale indépendante en 1913 et 1914. L'on parla et l'on joua assez de Schoenberg pour que durant la guerre les musiciens jeunes, mobilisés ou non, s'entretinssent de lui. Nous en trouvons un écho dans une lettre en forme de réponse de Jean Cocteau que publia *Le Mot* du 27 février 1915 : « Schoenberg se cogne contre les vieilles notes et, alors que le froid lucide aide Strawinsky à se délivrer de la poésie

21. « L'art parnassien de ces poèmes nous paraît aujourd'hui un peu fané, et nous avons de la peine à nous intéresser à Pierrot et à ses douleurs. Mais la musique est d'une telle qualité qu'elle transfigure ce texte falot, et qu'elle en tire une tragédie grotesque et terrible. Pour donner à l'ironie et à la douleur de nouveaux accents, le petit orchestre étincelle, poudroie, sanglote. [...] Il y a presque excès d'intensité, c'est un art cruel, qui appuie et déchire. »

22. Pour être complet devrais-je signaler un ouvrage de René Lenormand (le père de l'écrivain dramatique), *Étude sur l'harmonie moderne*, Paris, Le Monde musical, 1913, abondant recueil d'exemples de musique moderne ; un court extrait d'une des trois pièces pour piano est cité comme particulièrement « inintelligible ».

orientale, il calcule, il disloque, il se limite [...], il compose à la machine, il ajuste les lunettes de l'intellectuel... » Tout se résumera en une phrase du *Coq et l'Arlequin*, publié ou imprimé avant l'armistice : « Mais Schoenberg est surtout un musicien de tableau noir. » Nous sommes déjà sur l'autre versant.

Je viens au premier objet de ces notes. Les « trajectoires » que Pierre Boulez conçoit partent d'un même point qui est de hasard. Un programme de concert, dont le choix toujours reste arbitraire, ne fournit pas une excellente base pour une étude de comparaison. Pierre Boulez écrivit son article sous l'impression d'ailleurs mauvaise que lui avait laissée un concert dirigé par René Leibowitz et où figuraient les *Trois Poèmes de Stéphane Mallarmé* de Ravel, les *Trois Poésies de la lyrique japonaise* de Strawinsky et *Pierrot lunaire*. C'est ce qui lui fait dire : « L'idée était saine et pleine de bon sens. » Déjà manquait une œuvre, qui est inséparable des *Lyriques japonaises* et des *Poèmes* de Ravel : les *Quatre Poèmes hindous* de Maurice Delage. Ces trois œuvres furent présentées ensemble, de la volonté même de leurs auteurs, le 14 janvier 1914 à la Société musicale indépendante, et au moins pour ce qui concerne leur forme instrumentale, sont-elles apparentées étroitement. De plus, quoi qu'on en ait dit, les *Lyriques japonaises* ne sont pas tant à rapprocher de *Pierrot lunaire*; il eût fallu plutôt juxtaposer des passages inclus en diverses œuvres de Strawinsky, y compris *Le Sacre*; mais précisément Pierre Boulez, ignorant la chronologie de cette œuvre ou de cette époque, s'égare quelque peu[23]. Dans mon ouvrage sur *Strawinsky* j'ai donné, renseignements et manuscrit de Strawinsky à l'appui, les dates extrêmes entre lesquelles fut composé *Le Sacre*. Celui-ci eût pu être achevé au printemps de 1912 ; en tel cas Strawinsky n'eût point entendu auparavant *Pierrot lunaire*. Il a suffi d'un caprice de Diaghilew modifiant les programmes de sa saison de ballets pour que Strawinsky, presque au terme de son œuvre, ait ralenti la composition des dernières pages. *Le Sacre* en a-t-il été beaucoup modifié ? On oublie généralement que l'idée première du *Sacre*, le martèlement des accords, et ces accords eux-mêmes, des Augures printaniers, remontent à des époques qui, rapprochées dans le temps, correspondent à une extrême diversité de styles allant de *L'Oiseau de feu* au *Roi des étoiles*. Strawinsky avait peut-être eu ses raisons de retarder la gestation d'une œuvre dont il prévoyait l'importance. Alors qu'ayant achevé *L'Oiseau de feu*, chacun le croyait occupé à écrire *Le Sacre*, Strawinsky travaillait à *Petrouchka*. Ce ballet à peine terminé, il se mettait à composer *Le Roi des étoiles* et deux mélodies sur des poésies de Balmont. C'est seulement au cours de l'été 1911 que Strawinsky entreprit *Le Sacre* qu'il était donc décidé à écrire en l'espace de moins d'une année. À ce moment Schoenberg n'avait pas posé une note de *Pierrot lunaire*. [La scène intitulée «la Glorification de

---

23. Il va jusqu'à confondre la bataille du *Sacre* avec «le tumulte que l'on sait» qui aurait accueilli *Pierrot lunaire*. Il n'y en eut point. La seule œuvre de Schoenberg qui causa du scandale à Paris fut les *Cinq Pièces pour orchestre ;* mais là s'agissait-il d'un public différent. Au risque de contrister Leibowitz, Schoenberg eut à Paris un auditoire tout semblable à celui de la Sérénade et des Concerts de la Pléiade.

l'Élue» est vraisemblablement contemporaine (printemps 1912) des premières pièces de *Pierrot lunaire* *.]
Toutes les pages qui précèdent, sauf l'introduction du second tableau, sont antérieures, – soit environ la moitié du *Sacre*. Strawinsky était près d'achever la composition proprement dite de son œuvre quand Schoenberg avait conduit la sienne à mi-chemin. Ici emprunterai-je à mon livre quelques lignes : «Vers le milieu de décembre, dans le train qui le menait de Lausanne à Berlin pour assister à des représentations de *L'Oiseau de feu* et de *Petrouchka*, Strawinsky instrumentait encore la "Danse sacrale" ; mais fin mars 1913 l'œuvre était entièrement terminée.» Pour le premier point je répétais strictement ce que m'avait confié l'auteur ; quant au second, je le vérifiai sur la partition manuscrite, alors propriété de l'Édition russe de musique : deux dates y sont marquées, l'une, à la fin, 8 mars 1913 ; l'autre, 29 mars, concerne onze mesures rajoutées au prélude du second tableau [24]. Je n'avais établi aucun rapprochement entre le voyage de Strawinsky à Berlin et la révélation qu'il eut de *Pierrot lunaire*. Des recherches m'ont permis depuis de préciser certains faits.

Il est assez étrange qu'un musicologue tel que Wellesz, le premier auteur d'un livre sur Schoenberg, n'ait pas pris la peine de dater la première exécution de *Pierrot lunaire* : «im Herbst», en automne 1912,

---

* Cette phrase a été supprimée par André Schaeffner lors de l'édition de cet article dans les *Essais de musicologie...*, *op. cit.* (*N.d.É.* 1998).

24. Ces mesures simplement redoublent le motif des deux trompettes *con sordino* et allongent en le répétant le passage qui suit ; peut-être Strawinsky ne fit-il que corriger la liaison entre les deux passages (voir nᵒˢ 86-87 de la partition d'orchestre).

écrit-il négligemment. Faute de disposer à Paris de meilleures sources que les collections de la revue *Die Musik* et du quotidien *Berliner National Zeitung* ne suis-je pas parvenu à déterminer la date exacte. Du moins est-il certain que *Pierrot lunaire* fut joué à Berlin, dans la « Choralionsaal », [au cours de la première semaine d'octobre 1912 *]. **Schoenberg dirigeait lui-même son œuvre ; j'ai déjà dit que le petit orchestre et son chef étaient cachés derrière un paravent[25]. Immédiatement après, Schoenberg entreprit avec *Pierrot lunaire* une tournée dont j'ai relevé quelques étapes : Dresde, Hambourg, Munich, Stuttgart, Vienne, Prague[26]. Malgré l'événement qu'avaient constitué le festival Richard Strauss à Stuttgart et la première représentation d'*Ariadne auf Naxos* (25 octobre), la critique musicale multiplia les articles et comptes rendus sur Schoenberg[27]. [Au début de décembre 1912 ***] *Pierrot lunaire* fut rejoué à Berlin, mais cette fois sous la direction de Hermann Scherchen[28]. Sans doute Schoenberg revenait-il à peine d'Amsterdam où il avait dirigé son *Pelléas* au Concertgebouw. [C'est probablement à cette deuxième

---

25. *Berliner National Zeitung*, 11 octobre 1912.
26. Cf. *Die Musik*, novembre 1912 à mars 1913.
27. Voir notamment *Neue Musik-Zeitung*, octobre 1912, janvier 1913 et déjà auparavant juin 1912.
28. *Berliner National Zeitung*, 7 décembre 1912.
* Corrigé en « d'octobre à décembre 1912 » dans *Essais de musicologie...*, *op. cit.* (*N.d.É.* 1998).
** « Au début », Schoenberg dirigeait..., dans *Essais de musicologie...*, *op. cit.* (*N.d.É.* 1998).
*** « Le 8 décembre 1912 », dans *Essais de musicologie...*, *op. cit.* (*N.d.É.* 1998).

exécution *] de *Pierrot lunaire* qu'assista Strawinsky. Depuis le 16 novembre la troupe de Diaghilew donnait au Kroll-Oper de Berlin une série de représentations qui dura jusqu'au 20 décembre. Son répertoire comportait trois ballets nouveaux : *Thamar, Petrouchka,* le *Prélude à l'Après-midi d'un faune.* La « première » de *Petrouchka* eut lieu le 4 décembre, celle du *Prélude* le 11. Il faut donc avancer de deux semaines environ le voyage que Strawinsky fit à Berlin. À peu de jours de distance il entendit *Pierrot lunaire,* ses deux propres ballets, tout en continuant, au moins par la pensée, d'orchestrer *Le Sacre ;* ce n'était sans doute pas les meilleures conditions pour recevoir de Schoenberg la lumière. On ne joua pas moins de sept fois *L'Oiseau de feu* ainsi que *Petrouchka.* Puis la troupe de Diaghilew quitta Berlin, cédant la place à Anna Pavlova, et suivit à peu près le même chemin que *Pierrot lunaire :* Francfort, Munich, Leipzig, Vienne, Prague. En cours de route les danseurs russes et le petit orchestre de Schoenberg durent se croiser à nouveau. Il fut ainsi donné au Pierrot russe et au Pierrot viennois, nés à une année de distance, de se poursuivre quelque temps et par leur contraste de rendre presque palpable l'antinomie entre deux conceptions de la musique. Mais pour être véridique, j'imagine qu'alors la confusion de pensée entretenue par le « modernisme » restreignit singulièrement le nombre des clairvoyants. – Vers la même époque, à Saint-Pétersbourg les concerts Siloti faisaient entendre le *Pelléas*

---

* « C'est à cette quatrième exécution », dans *Essais de musicologie…, op. cit. (N.d.É.* 1998).

de Schoenberg. Au moins sur ce point Schoenberg devança-t-il Debussy.

Après avoir suivi les Ballets russes jusqu'à Vienne, Strawinsky rentra en Suisse, à Clarens. Il n'avait toujours pas achevé l'orchestration du *Sacre*. Sans doute ce travail s'accompagna-t-il, comme nous en avons la preuve en mars 1913, de retouches diverses dans la composition elle-même. Ainsi peut s'expliquer que l'introduction au second tableau, conçue d'ailleurs en tout dernier, incline en quelques rares points vers Schoenberg [29]. Mais c'est aussi la partie de l'œuvre qui s'apparente le plus au *Roi des étoiles* et également celle qui conserve avec le debussysme le plus d'attaches. Les deux introductions du *Sacre*, si l'on en atténue la verdeur et la distension instrumentales, présentent, l'une avec le *Prélude à l'Après-midi d'un faune*, l'autre avec *Nuages*, certaines analogies. Le caractère pastoral de la première et l'atmosphère nocturne de la seconde ne seraient pas une explication suffisante. Dans sa fameuse étude sur *Le Sacre*, Jacques Rivière a eu raison d'écrire que Strawinsky se dégageait du debussysme « sans ingratitude ». À vrai dire Strawinsky n'a jamais rompu entièrement avec l'esthétique de Debussy ; il n'a fait que la prolonger. À titre d'indicatifs la flûte du Faune et le basson du *Sacre*, malgré la vingtaine d'années qui les sépare, sont annonciateurs de formes de musique qu'avec le temps l'on confondra de plus en plus. Dès maintenant suffit-il de comparer entre eux le thème de Debussy, la mélodie populaire lithuanienne à laquelle se référa Strawinsky

---

29. Voir en particulier aux n°s 84, 85 et 90 de la partition.

et la transformation que celui-ci lui fit subir pour l'incorporer dans *Le Sacre*[30]. Debussy aurait dû s'apercevoir que le disciple inclinait vers le maître. En mars 1913 Maurice Ravel rejoignit Strawinsky à Clarens. Ce dernier avait terminé, en même temps que *Le Sacre*, les *Trois Poésies de la lyrique japonaise*; Ravel, séduit par cette dernière œuvre, commença immédiatement à écrire les *Trois Poèmes de Stéphane Mallarmé* pour un appareil instrumental sensiblement équivalent. Roland-Manuel a dit à quels moments furent achevées les trois pièces de Ravel : la première vers le début d'avril, la deuxième en mai et la troisième fin août 1913[31]. Des trois mélodies de Strawinsky, seules les deux dernières furent écrites à Clarens en 1913, dans les deux ou trois mois qui précédèrent l'arrivée de Ravel ; mais la première, *Akahito*, remonte à 1912, alors que Strawinsky se trouvait à Oustilong, en Russie, et composait *Le Sacre*; elle est donc antérieure à l'époque où il connut *Pierrot lunaire*. Quant aux *Quatre Poèmes hindous*, Maurice Delage les écrivit de janvier à mars 1912, tandis qu'il parcourait l'Inde, – étant très loin et de Ravel et de Strawinsky et

---

30. Voir dans mon *Strawinsky*, Paris, Rieder, 1931, exemple 2 de la pl. XXI.

31. *Ravel*, Paris, éd. de la Nouvelle Revue critique, 1938, p. 120-121. – Roland-Manuel date du 3 avril 1913 une lettre où Ravel lui annonce qu'il a commencé les *Trois Poèmes* de Mallarmé. Or il est acquis que ceux-ci, de même que les trois poèmes composés par Debussy, eurent pour origine la réapparition en librairie des poésies complètes de Mallarmé, aucune autre édition n'ayant été faite depuis 1899. La décision de Ravel doit être prompte, et même résulter de singulières accointances avec les Éditions de la N.R.F., car l'achevé d'imprimer de l'exemplaire que je possède date du 22 avril 1913.

de Schoenberg. Des dix pièces exécutées à la Société
musicale indépendante, quatre déjà se trouvent avoir
été antérieures à *Pierrot lunaire* et trois autres, celles de
Ravel, furent inspirées non par l'œuvre même de
Schoenberg mais par l'idée que Strawinsky put en
donner verbalement. Je précise que la partition de
Pierrot lunaire fut gravée en 1914, donc trop tard pour
que Ravel prît contact de façon plus directe avec cette
œuvre *. Avec la Russie, l'Inde, la poésie du Japon et
celle tout aussi raffinée de Mallarmé un monde mi-
exotique mi-ésotérique s'est constitué où la pensée de
Schoenberg n'a guère tenu de place. Entre ce que
Strawinsky a transposé de Schoenberg et ce que Ravel
à son tour a transposé de l'image esquissée par Strawinsky, il semble que l'on se soit pas mal écarté du
modèle original. Les textes japonais dont s'est servi
Strawinsky, et qui furent adaptés en français par Maurice Delage lui-même, demeurent dans une tonalité
blanche de neige ou de fleurs printanières, si exquise
que toute intervention de Pierrot y eût été une gros-
sièreté. De son côté Ravel, nous le savons, raffolait des
estampes japonaises. Ce moment d'extrême délicatesse, de matière précieuse, fut unique dans l'œuvre
de chacun.

---

* Dans les *Essais de musicologie…, op. cit.*, André Schaeffner a ajouté
la note suivante : « Cette tardive publication de la partition me fut
confirmée par une lettre personnelle du critique H. H. Stuckenschmidt (19 novembre 1962), qui s'en était enquis auprès de l'Universal Edition à Vienne. On se demande dès lors comment Ravel
pouvait espérer faire exécuter *Pierrot lunaire* à Paris dès 1913 (voir sa
lettre du 2 avril 1913 à Mme Alfred Casella, cf. Chalupt, *Ravel au
miroir de ses lettres*, Paris, Robert Laffont, 1956, p. 97) » (*N.d.É.* 1998).

J'ai conservé l'article que Vuillermoz écrivit sur le concert où les trois recueils de Delage, de Strawinsky et de Ravel furent exécutés pour la première fois et dans leur ordre chronologique [32]. Ce critique entretenait avec ces compositeurs d'assez étroits rapports pour être au courant de leurs desseins. Il ne prononce pas une seule fois le nom de Schoenberg. Il marque quelques réserves vis-à-vis « des recherches orchestrales un peu trop systématiques » de Ravel ; toute son admiration va aux *Chants hindous* de Delage. Il attribue même à ce dernier l'invention d'un *pizzicato-glissando* dont Béla Bartók devait user beaucoup plus tard en l'un de ses derniers quatuors : mais ce procédé se trouvait déjà dans *Pierrot lunaire* (pièce n° 6). En matière d'instrumentation Schoenberg n'avait rien à apprendre de personne. Strawinsky, meilleur appréciateur que Leibowitz, l'a reconnu à peu près en les mêmes termes.

La brève analyse que je donne dans mon livre des *Lyriques japonaises* montre que celles-ci vont en des directions différentes. La première, *Akahito*, écrite en même temps que *Le Sacre*, évoque les Rondes printanières de ce ballet. La deuxième, *Mazatsumi*, annonce *Rossignol* à la composition duquel Strawinsky allait procéder. Seule la troisième, *Tsarainki*, laisse transparaître l'influence d'ailleurs tempérée de Schoenberg. Mais c'est entre *Mazatsumi* et *Surgi de la croupe et du bond* que je perçois le plus l'accord fugitif qui se fit entre les pensées de Strawinsky et de Ravel. Oserais-je dire que la « verrerie éphémère » de Ravel provient

---

32. *Comœdia*, 19 janvier 1914.

moins de Bohème que de Chine ? Par un de ces phé-
nomènes de communication à distance Ravel et Strawinsky se parlèrent en un même langage. Une double
erreur de mise en pages fit que *Tsarainki* se trouve
dédiée à Ravel et *Soupir* à Strawinsky ; tandis que Florent Schmitt hérite à la fois de *Mazatsumi* et de *Placet
futile*. Peut-être Leibowitz et Boulez trouveraient-ils
dans *Ombres* et dans *Rêves* de ce dernier compositeur
ce qu'ils ne pouvaient cueillir chez Ravel ni chez Strawinsky. À cette époque Florent Schmitt marquait à la
fois pour Scriabine et pour Schoenberg un enthousiasme furieux.

Ces deux derniers noms me ramènent au *Roi des
étoiles* et à une courte période où Strawinsky s'éprit de
la poésie solaire ou astrale de Constantin Balmont.
Avec Balmont comme avec Nicolas Rœrich, collaborateur de Strawinsky pour *Le Sacre*, nous touchons à une
ethnographie fumeuse autant que délirante. Déjà ne
sommes-nous plus très loin de la théosophie [33]. Il est
donné à la musique de laisser déposer les matières
trop impures. Boulez résume d'un trait la première
impression de Strawinsky à l'égard de Schoenberg :
« Dès qu'il eut entendu le *Pierrot lunaire* à Berlin en

33. Voir de Balmont, les *Visions solaires*, Paris, Bossard, 1923, où
l'auteur rapporte en termes lyriques ses voyages au Mexique, en
Égypte, dans l'Inde, au Japon, en Afrique du Sud et en Polynésie. En
toute justice dois-je dire que Rœrich s'engagea d'abord dans une carrière régulière d'archéologue et d'ethnographe. Il est d'ailleurs
curieux de relever, en moins d'un siècle, plusieurs cas d'alliance
entre musiciens et voyageurs philosophant sur le monde : Wagner et
Gobineau, Debussy et Segalen, Strawinsky et Balmont ou Rœrich,
Ansermet et Keyserling.

1912, Strawinsky en trouva la poétique tout à fait périmée... » Boulez se montre ici plus strawinskiste qu'aucun de nous et prend à la lettre ce que Strawinsky a en
effet exprimé dans *Les Chroniques de ma vie*: «Je ne fus
nullement enthousiaste de l'esthétisme de cette
œuvre qui me parut un retour à la période périmée
du culte de Beardsley[34].» Durant l'occupation le cher
Grœthuysen me répéta un propos plus ancien où Strawinsky avait rapproché l'esthétique de Schoenberg de
celle du *Portrait de Dorian Gray*. Selon moi Schoenberg
tire avantage d'une pareille assimilation. D'Albert
Giraud à Oscar Wilde, et même à Aubrey Beardsley, la
courbe me paraît remonter nettement. En réalité,
vers 1912, Strawinsky ne porta aucune attention sur la
qualité douteuse de cette esthétique, et un peu plus
tard seulement en saisit-il le caractère «périmé», où
lui-même n'avait aucun titre pour émettre un jugement, ses collaborateurs d'alors, Balmont et Rœrich,
n'étant pas non plus au-dessus de tout reproche. Mais
la nature sévère de sa musique le garda toujours des
faux pas où l'esthétique du moment l'aurait entraîné.
Œdipus Rex constitue une aventure d'où Strawinsky
s'est tiré magnifiquement. Un étrange amalgame de
théories à la fois philosophiques et musicales est
cependant à l'origine du *Roi des étoiles*, ou selon son
titre vrai: *Face d'étoile*, cantate «apocalyptique». Ce

---

34. La mode de Beardsley, détestable peut-être, n'était pas «périmée» en 1912, tant en Angleterre qu'en Allemagne ou en France.
Illustrations de livres, gravures, mises en scène, la mode elle-même, à
peu près tout demeure sous l'influence, directe ou non, de Beardsley. Celui-ci au moins avait de commun avec Schoenberg d'avoir des-
siné Pierrot.

vestige d'une époque où une partie de l'*intelligentsia* russe attendait encore l'avènement d'un Troisième Testament se place, chaînon imprévu, entre *Petrouchka* et *Le Sacre*. Et également entre Debussy et Schoenberg. [Sinon, à défaut de celui-ci, faut-il chercher parmi quelques obscurs prêcheurs de musique future sur lesquels les musicologues russes devraient bien nous informer. *]

A. S.

* Cette dernière phrase a été supprimée dans *Essais de musicologie...*, *op. cit.* (*N.d.É.* 1998).

Renard *et l'« époque russe »* de Strawinsky

par André Schaeffner

«Époque russe» est une appellation commode pour désigner un groupe d'œuvres de Strawinsky. Il va de soi que ce groupe se délimite dans le temps ; si l'on cherche à y déceler autre chose, les difficultés commencent.

Personne, durant cette «époque», n'a songé à la qualifier de russe ; ce n'est que bien après qu'on l'a tenue pour telle. Certes Strawinsky était considéré comme russe, mais vivant en Suisse, et dont l'œuvre s'apparentait à l'école française plus qu'à aucune autre. Il n'avait pas encore manifesté bruyamment son admiration pour Glinka et pour Tchaïkowsky. Le seul maître auquel il marquait de la déférence était Debussy ; on le savait lié avec Ravel et quelques musiciens français. Les Ballets de Diaghilew, auxquels il collabore régulièrement, font aussi bien appel à des Français, à Richard Strauss, à Falla, quand ils n'ont pas recours à de vieux Italiens. C'est en accentuant leur cosmopolitisme que les spectacles des Ballets russes se

Article commandé par Pierre Boulez pour les Cahiers de la Compagnie Madeleine Renaud et Jean-Louis Barrault *et paru en 1954.*

renouvellent. Déjà en 1909, donc au commencement de l'entreprise, Debussy s'étonnait que Diaghilew lui demandât un ballet « xviiie siècle italien » pour être dansé par les Russes : « ça me semble un peu contradictoire », déclarait-il. En 1911, et là Strawinsky se trouve seul en cause, les motifs russes de *Petrouchka* ne font que mieux ressortir une chanson française de café-concert et une valse viennoise ; simple détail, mais auquel s'ajoute la position de l'auteur vis-à-vis de la mise en scène, beaucoup trop russe à son gré. Sur ce plan, Strawinsky n'obtiendra gain de cause qu'avec les *Noces*, d'où sont rejetés costumes folkloriques, effets faciles d'art populaire, et jusqu'à toute couleur vive.

Strawinsky est le premier à rompre avec ce qui a constitué l'attrait extérieur de l'opéra et du ballet russes. Même en choisissant ou en acceptant des sujets russes, même en s'appropriant de la musique populaire russe, il diffère par son esthétique autant de Moussorgsky que de Rimsky-Korsakov. Et il ne se réclame pas encore de Glinka ni de Tchaïkowsky. Il se construit une musique à part, dont quelques matériaux ont pu être empruntés, sans qu'aucun ne prédomine vraiment. Ce qu'il doit à Rimsky-Korsakov, à Scriabine, à Debussy, à Ravel, enfin à Schoenberg, reste à peine visible. Il semble avoir moins subi leur influence que réglé son compte avec eux. Strawinsky ne se montre pas plus dépendant vis-à-vis de ses propres œuvres, soit que, les ayant écrites, il se dirige dans un sens différent, soit que, les récrivant ou leur donnant une nouvelle forme instrumentale, il en fasse surgir autre chose que ce qui y figurait. Les versions successives de *L'Oiseau de feu*, de *Petrouchka*, du *Rossignol*, des *Noces*, de pièces diverses de musique de chambre, le prouvent. Il ne s'agit pas tant d'une habileté, d'un amusement de transcripteur, que d'un changement continu de pensée. Et cela a une importance, si l'on veut se représenter la période russe de Strawinsky, la plupart de ces remaniements ou de ces volte-face étant antérieurs à *Mavra* (1922), début de la phase suivante.

Si personne n'avait parlé d'époque russe, personne non plus n'avait perçu la moindre unité entre les œuvres qui se succèdent. On remarque plutôt leur surprenante diversité, l'extraordinaire facilité avec laquelle Strawinsky change de style, la rapidité de son évolution. Ainsi, entre *L'Oiseau de feu, Petrouchka, Le Sacre du printemps* et *Le Rossignol*, comme à l'intérieur même du *Rossignol* si ce n'est de *Petrouchka*, l'on discerne de telles différences de manière que l'on a peine à croire qu'un même artiste ait composé ces œuvres, en l'espace de cinq ou six années. Comment y reconnaître une seule époque, et uniquement russe ? Avec le recul nous sommes devenus sensibles à de secrètes parentés entre ces œuvres ; des fils conduisent de l'une à l'autre. Par exemple dans *L'Oiseau de feu* ou dans *Petrouchka*, des traits annonçant *Le Sacre* ; dans *Le Chant du rossignol*, un écho de *Petrouchka* ; dans la version opéra du *Rossignol*, une amorce des *Noces*. Le réseau de ces fils conducteurs passe par-dessus la division en époques de l'œuvre de Strawinsky. Nous retrouvons du *Sacre* au-delà de la période russe, jusque dans *Œdipus Rex* ; et *Le Baiser de la fée* renouvelle, à un certain degré, les sortilèges de *L'Oiseau de feu*. D'inconscient d'abord, le processus est devenu volontaire ; et c'est en toute lucidité que Strawinsky opère une sélection parmi ses œuvres précédentes, reprenant l'une, la rapprochant d'une autre, ou faisant un amalgame des deux. Nous pouvons nous imaginer qu'il en a toujours été ainsi – avec plus de discrétion cependant. Aucune expérience n'a été définitivement close ; presque toujours a-t-elle été reprise différemment. Les rappels auxquels Strawinsky procède ne sont point de simples redites, ni de pures réminiscences, mais l'objet d'élaborations nouvelles. Après le phénomène naturel est venue aujourd'hui la démonstration. Il suffit d'analyser les premières pages de la *Symphonie en trois mouvements,* de 1945, où Strawinsky exploite un des motifs du *Sacre* ; mais tout en est renouvelé, le rythme, l'harmonie, l'instrumentation, bref ce par quoi le motif de la Danse sacrale se caractérisait exclusivement. C'est le *Sacre,* et il ne demeure plus rien du *Sacre.*

C'est à quoi nous devons songer lorsque Strawinsky paraît emprunter soit aux maîtres russes soit à la musique populaire russe. Il y a toujours loin de la copie au modèle, quand ce ne sont pas de fausses copies ou de faux modèles. Ces relations réelles ou imaginaires importent moins que celles qui s'établissent à l'intérieur de l'œuvre de Strawinsky. Un travail de déduction constitue l'essentiel ; le reste n'est qu'épisodique et presque de surface. Il fallait bien que Strawinsky partît de quelque point ; son premier style ou premier mélange de styles, ou plus simplement son manque de style appartient à ses maîtres immédiats. Puis vint la découverte de Debussy, qui fut déterminante. Mais la révolution ne s'arrêta pas là : Strawinsky se détourna à la fois de la musique russe et de la musique française ; plus exactement, il se reconstruisit une musique russe, comme il n'y en avait jamais existé auparavant. Il se créa une musique russe à l'image de ce qu'il désirait, et pour son usage particulier. Ce que l'on appelle «époque russe» est moins le temps où Strawinsky suit l'un ou l'autre des courants russes que le temps où il s'en détache et refait à son idée une musique russe. Moins les œuvres qui précèdent *Petrouchka*, toutes composées en Russie, que celles qui succèdent au *Sacre* et sont le fruit de sa retraite en Suisse. Dans ce qui viendra ensuite, Strawinsky se réfère à une idée ou de l'opéra ou de la musique religieuse qui est presque autant de son invention. Mais il n'y serait certainement pas parvenu sans avoir épuisé toutes les expériences de l'époque russe.

Pendant cette période, qui s'étend à peu près de 1912 à 1920, Strawinsky s'isole le plus, au propre comme au figuré. L'ensemble des œuvres, de si courte durée que soient la plupart, révèle une extraordinaire activité d'esprit. Chaque fois un problème est posé : de matière, de forme, de convenance avec le sujet. Tout est remis en question, depuis la notion d'*œuvre* jusqu'à la distinction entre la musique savante et la musique populaire. Il est naturel que Strawinsky, qui compose entre temps ses *Noces*, travaille d'abord sur des éléments d'origine russe ; il en emprunte ensuite à la musique espagnole, afro-américaine ou même suisse. Divers sont les genres : musique enfantine, chansons paysannes, danses de toute espèce, enfin chants religieux. La musique liturgique, par sa rythmique et par sa matière verbale, se montre aussi pleine d'enseignement que la musique populaire.

Finalement rien n'a échappé à un examen aussi serré, pas plus la parole que l'instrument. Il suffit de comparer la prosodie du *Rossignol* ou même l'orchestration du *Sacre* avec celles des œuvres postérieures. De cette période à la fois d'expérimentation et de création, *Renard* est une des compositions les plus significatives. On parlera d'un style *Renard*, comme, par la suite, d'un style *Apollon*. *Renard* est exactement contemporain des *Noces*; mais on y verrait à tort une esquisse ou une redite de celles-ci, malgré la parenté évidente des deux œuvres, dont la composition fut achevée presque en même temps, entre 1916 et 1917. Le seul fait que Strawinsky ait réservé à plus tard l'instrumentation définitive des *Noces* a accru la distance entre elles et *Renard*. Les *Noces* apparaissent comme une œuvre isolée, en quelque sorte anachronique, alors que *Renard* demeure étroitement lié aux compositions de l'époque russe, qu'il résume ; il a de commun avec *Le Chant du rossignol* (1917) l'acidité de l'harmonie et de l'instrumentation, et il annonce clairement *L'Histoire du soldat* (1918). Avec *Renard*, Strawinsky inaugure son théâtre de tréteaux et, en même temps, la double forme cantate-ballet. Sur la scène évoluent des danseurs ou des acrobates ; les chanteurs sont placés à l'intérieur d'un petit orchestre invisible ou non. Il n'y a pas de correspondance absolue entre le chant d'un des quatre chanteurs et l'action sur la scène d'un des quatre personnages, le Coq, le Renard, le Chat ou le Bouc. De même les chanteurs peuvent constituer un chœur, sans que les quatre personnages jouent ensemble ; ou inversement. Soli et chœur sont étroitement joints aux instruments ; le chant, tout en

demeurant tel, fait partie intégrante de l'instrumentation. Nous nous trouvons à la frontière de la musique
de théâtre et de l'orchestre de chambre. Action chantée ou mimée, *Renard* est un conte burlesque. À la
différence de *L'Histoire du soldat*, il conserve un caractère purement bouffon et paysan. Bien que l'emprunt
au folklore ne soit pas direct, presque tout rappelle
l'allure de la chanson rustique, sinon laisse soupçon-
ner la parodie du chant liturgique, comme dans les
farces du Moyen Âge. Du reste, dans le texte original
russe, dû à Strawinsky, s'introduisent des formules en
slavon, langue liturgique de l'Église orthodoxe. Par le
sujet, par les paroles, par la matière de la composition
musicale, peut-être *Renard* rassemble-t-il plus d'éléments russes qu'aucune autre œuvre de Strawinsky.
Seule fait exception la qualité particulière de l'instrumentation, à laquelle ne contribue à peu près rien de
russe.

A. S.

Debussy et le théâtre

par André Schaeffner

Debussy est des rares compositeurs qui aient vécu dans un milieu presque exclusivement d'écrivains, de peintres ou de sculpteurs et qui aient tiré profit des idées des uns et des autres sur leur métier. Ses lettres comme ses articles trahissent une forte imprégnation littéraire et nombre de titres que portent ses œuvres proviennent de ses lectures ou ont été suggérés par des tableaux ou des objets d'art. Rien de surprenant qu'à diverses reprises il ait voulu mettre à la scène des personnages de ses romanciers favoris, Balzac, Flaubert ou Edgar Poe.

S'il ne voyait plus aucune raison de composer de symphonie après Beethoven, il n'a jamais déclaré qu'après Wagner l'on devait renoncer à écrire des drames musicaux. Sa position vis-à-vis du théâtre est cependant équivoque ; on perçoit chez lui autant d'attirance que de répulsion. Dans sa correspondance, nombreuses sont les marques d'animosité à l'égard du théâtre ou tout au moins du milieu théâtral. Il

Texte de présentation de Pelléas et Mélisande, *enregistrement dirigé par Pierre Boulez et publié par CBS (M9 30119) en 1970.*

appréciait infiniment plus les gens du cirque ou du music-hall ; ceux-ci étaient pour lui de véritables artistes, plus près de la fantaisie, du fantasque, de tout ce qu'il aimait dans la littérature anglaise, depuis les féeries de Shakespeare jusqu'à Monsieur Pickwick et aux personnages des romans de Chesterton.

Il ne ressort pas moins de ses propos et de ses lettres un nombre extraordinaire de projets dramatiques qui retinrent successivement son attention et qu'il ne réalisa point. Même *Pelléas* faillit compter parmi eux. Du reste il ne pensa pas immédiatement le porter à la scène. Il le concevait comme une espèce de tapisserie qui se serait déroulée on ne sait comment et dont les personnages se détacheraient à peine du décor brodé par sa musique. Au fond il avait peu d'espoir de trouver des interprètes capables de jouer autrement que des chanteurs d'opéras. Cela n'explique pourtant pas qu'il ait interrompu un moment la composition de cette œuvre pour passer à un autre sujet de drame, d'un caractère horrifiant et presque dans le genre des mélodrames qui seraient représentés quelques années après au théâtre du Grand-Guignol. Déjà même avant de connaître les pièces de Maeterlinck il avait songé à mettre en musique une œuvre de Villiers de l'Isle-Adam, *Axël*, dont l'action rappelle les plus noires histoires de Balzac ou d'Edgar Poe. Et nous ignorons encore la vraie raison qui l'empêcha de composer comme il l'aurait désiré *La Princesse Maleine*, le premier drame qu'il ait lu de Maeterlinck. Il serait d'ailleurs vain de se demander laquelle des deux pièces de Maeterlinck lui eût mieux convenu pour traduire des sentiments qu'il tenait enfermés en lui.

La figure de la Princesse Maleine a la même fragilité
que celle de Mélisande; mais plutôt que la mélancolie c'est la peur qui règne dans le lieu où elle vit
prisonnière. *La Peur* et ses fantômes dont Roderick
Usher s'attend à être un jour la victime.

Le 6 septembre 1893 Debussy écrivait à Ernest
Chausson : « J'ai beau faire, je n'arrive pas à dérider la
tristesse de mon paysage : parfois mes journées sont
fuligineuses, sombres et muettes comme celles d'un
héros d'Edgar Allan Poe... » Il répétait presque littéralement le début de *La Chute de la maison Usher,* tel
que Baudelaire l'a traduit. Or en post-scriptum de la
même lettre Debussy annonçait qu'il achevait la scène
du quatrième acte de *Pelléas,* où Mélisande rencontre
pour la dernière fois Pelléas près de la fontaine dans
le parc du château. Scène capitale, parmi les premières qu'il a composées et qu'il remaniera jusqu'à la
veille de faire représenter l'œuvre. Là les personnages, de marionnettes qu'ils paraissaient d'abord,
prennent la stature de héros tragiques, et l'accompagnement d'orchestre y contribue pour beaucoup.
Jamais Debussy n'a retrouvé de pareils accents. Seule
la scène où Golaud brutalise Mélisande approche de
cette violence. Et à défaut de celle-ci une « terreur
sournoise », selon sa propre expression, se répand sous
de ténébreux accords. Debussy, hanté par le conte de
Poe, dont il se déciderait finalement à tirer un livret
de drame lyrique, a vu le château du vieil Arkel et l'action qui s'y déroule sous des couleurs beaucoup plus
sombres que Maeterlinck ne les a peints. Nous savons
que Debussy, fier des premières pages qu'il avait
écrites de *Pelléas,* les a jouées à plusieurs reprises

devant des amis et qu'elles produisaient une forte
impression sur eux, l'un allant jusqu'à dire que l'on
en a « froid dans le dos » ; or, ayant à peine terminé ce
qui ne serait qu'une première version de l'œuvre, il
songe à un autre drame dont le sujet est emprunté à
Balzac, l'histoire d'une maison abandonnée, la
Grande Bretèche, où un homme avait été emmuré
vivant. Sans doute y avait-il trouvé le décor qu'il lui fallait pour développer une action proche de plusieurs
contes de Poe et dont la pièce de Maeterlinck l'avait
écarté. Pareil projet n'eut évidemment aucune suite
mais donne à penser que le tempérament de Debussy
ne s'accordait pas de prime abord avec le pâle symbolisme du théâtre de Maeterlinck. Avec quoi d'ailleurs
se serait-il pleinement accordé ?

On n'a jamais bien pénétré quelles avaient été les
intentions de Debussy en composant entre vingt-huit
et trente ans un véritable opéra sur un livret de Catulle
Mendès et qui n'était autre qu'un *Cid*, sujet déjà traité
quelques années auparavant par Massenet ! Pour l'instant, faute de pouvoir consulter les esquisses de cette
œuvre et dans le doute d'un réel renouvellement
qu'auraient permis les études hispaniques d'alors,
nous devons nous en tenir au jugement d'un auditeur
de qualité : Paul Dukas, disant à Vincent d'Indy avoir
été surpris par « l'ampleur dramatique de certaines
scènes » et que cela parût « parfaitement *naturel* ».
Quant aux scènes purement épisodiques il les avait
trouvées « exquises et d'une finesse harmonique » rappelant les premières mélodies de Debussy (sans doute
celles sur des poésies de Verlaine). Or, toujours selon
Dukas, le livret de cet opéra n'offrait absolument

aucun intérêt : « bric-à-brac parnassien et barbarie espagnole panachés ». À regarder de près les dates nous nous étonnons qu'en un laps de temps si court Debussy soit passé de la composition d'un pareil opéra à *Pelléas* même ; au point de nous demander dans quelle mesure sa première œuvre pour la scène ne lui a servi qu'à éprouver les moyens d'expression dont il pouvait disposer. Ainsi en l'ayant entendue Dukas pressentait déjà entre quels extrêmes irait le futur *Pelléas*.

La correspondance de Debussy, et encore une grande partie nous en échappe, nous éclaire sur ses lectures tandis qu'il fait et refait *Pelléas*. À part des expressions empruntées à Baudelaire, Mallarmé, Valéry ou Gide, preuve nous est donnée qu'il ne reste pas indifférent à une littérature plus proche du naturalisme que du symbolisme. Il lit Léon Bloy et peut retrouver en ses romans les mêmes lieux *sinistres* (qualificatif souvent répété) qu'avait décrits Edgar Poe, sinon Balzac. Qu'il s'agisse d'ailleurs du texte de Maeterlinck ou de la partition de Debussy, des représentations du drame parlé de 1893 ou du drame lyrique de 1902, les premiers défenseurs qui se proposent sont des écrivains naturalistes, des collaborateurs des *Soirées de Médan* ou l'auteur du *Jardin des supplices*. Alors qu'en 1893 Mallarmé se refusait à voir l'enrichissement qu'un accompagnement instrumental apporterait à l'œuvre de Maeterlinck, dès cette même année un disciple de Zola, Henry Céard, présentait *Pelléas* comme « un beau scénario d'opéra », mais un scénario « qui attend encore sa musique », seule celle-ci détenant le pouvoir de dramatiser réellement la pièce. Vincent d'Indy confirmerait ce point neuf ans après dans une étude sur *Pelléas* : à Maeterlinck revenait « l'aspect extérieur de mystère et de rêve que revêtent les personnages », mais à Debussy des expressions tout humaines de sentiments et de souffrances.

A. S.

Index des noms de personnes

Index des œuvres musicales

Table des matières

LA MUSIQUE CHEZ FAYARD

LES CHEMINS DE LA MUSIQUE

Cette collection se propose d'offrir au grand public amateur de musique de brèves synthèses sur des périodes
de l'histoire de la musique, sur des courants esthétiques, sur l'évolution des formes musicales, voire sur
certains compositeurs, selon une approche historique, sociale et culturelle.

André Boucourechliev, *Le Langage musical.*
Rodolfo Celletti, *Histoire du bel canto.*
Michel Chion, *Le Poème symphonique et la musique à pro-
gramme.*
La Symphonie à l'époque romantique.
La Musique au cinéma.
Michel Fleury, *L'Impressionnisme et la musique.*
Gérard Gefen, *Histoire de la musique anglaise.*
Les Musiciens et la franc-maçonnerie.
Paul Griffiths, *Brève histoire de la musique moderne de
Debussy à Boulez.*

Henry-Louis de La Grange, *Vienne, histoire musicale.*

Frans Lemaire, *La Musique du XXᵉ siècle en Russie et dans les anciennes Républiques soviétiques.*

Marcel Marnat, *Joseph Haydn, la mesure de son siècle.*

Isabelle Moindrot, *L'Opera séria.*

Alain Pacquier, *Les Chemins du baroque dans le Nouveau Monde.*

Alain Poirier, *L'Expressionisme et la Musique.*

Gustav Mahler (t. 1, 2 et 3), Henry-Louis de La Grange.
Marin Marais, Jérôme de La Gorce et Sylvette Milliot.
Olivier Messiaen, Harry Halbreich.
Wolfgang Amadeus Mozart, Jean et Brigitte Massin.
Jacques Offenbach, David Rissin.
Nicolo Paganini, Edward Neill.
Giovanni Pierluigi da Palestrina, Lino Bianchi.
Francis Poulenc, Henri Hell.
Serge Prokofiev, Michel Dorigné.
Maurice Ravel, Marcel Marnat.
Arnold Schoenberg, H. H. Stuckenschmidt et Alain Poirier.
Franz Schubert, Brigitte Massin.
Heinrich Schütz, Martin Gregor-Dellin.
Igor Stravinsky, André Boucourechliev.
Piotr Ilyitch Tchaikovski, André Lischke.
Giuseppe Verdi, Mary Jane Phillips-Matz.
Richard Wagner, Martin Gregor-Dellin.
Carl Maria von Weber, John Warrack.

LES INDISPENSABLES DE LA MUSIQUE

Guide de l'opéra, Harold Rosenthal et John Warrack, édition française réalisée par Roland Mancini et Jean-Jacques Rouveroux.
Guide de la musique symphonique, sous la direction de François-René Tranchefort.
Guide de la musique de piano et de clavecin, sous la direction de François-René Tranchefort.
Guide de la musique de chambre, sous la direction de François-René Tranchefort.
Guide de la musique d'orgue, sous la direction de Gilles Cantagrel.

Guide de la musique sacrée (l'âge baroque, 1600-1750), sous la direction d'Edmond Lemaître.

Guide de la musique sacrée (de 1750 à nos jours), sous la direction de François-René Tranchefort.

Guide de la mélodie et du lied, sous la direction de Brigitte François-Sappey et Gilles Cantagrel.

Guide des opéras de Wagner, sous la direction de Michel Pazdro.

Guide des opéras de Verdi, sous la direction de Jean Cabourg.

Guide des opéras de Mozart, sous la direction de Brigitte Massin.

Histoire de la musique occidentale, sous la direction de Brigitte et Jean Massin.

Guide illustré de la musique (t. 1 et 2), Ulrich Michels.

Guide illustré de la musique symphonique de Beethoven, Michel Lecompte.

Guide de la musique baroque, sous la direction de Julie Anne Sadie.

ÉCRITS DE MUSICIENS

Walter Gieseking, *Comment je suis devenu pianiste*, traduit de l'allemand par Nicole Casanova.

Glenn Gould, *Le Dernier Puritain (Écrits 1)*;
Contrepoint à la ligne (Écrits 2);
Non, je ne suis pas du tout un excentrique, textes réunis, traduits et présentés par Bruno Monsaingeon.

Francis Poulenc, *Correspondance 1910-1963*, réunie, choisie, présentée et annotée par Myriam Chimènes.

Alberto Savinio, *La Boîte à musique*, traduit de l'italien par René de Ceccatty.

Richard Strauss – Hugo von Hofmannsthal, *Correspondance,* traduite par Bernard Banoun.
Tchaikovski au miroir de ses écrits, textes réunis, traduits et présentés par André Lischke.

LES GRANDES ÉTUDES

Jésus Aguila, *Le Domaine musical, Pierre Boulez et vingt ans de création contemporaine.*

Jean-François Labie, *Le Visage du Christ dans la musique baroque.*

Jacques Lonchampt, *Les Quatuors de Beethoven.*

Jean-Louis Martinoty, *Voyage à l'intérieur de l'opéra baroque.*

Claude Nanquette, *Les Grands Interprètes romantiques.*

Adélaïde de Place, *La Vie musicale en France au temps de la Révolution.*

Gilles de Van, *Verdi, un théâtre en musique.*

Barry Millington (dir.), *Wagner, guide raisonné.*

Marcelle Benoit (dir.), *Dictionnaire de la musique en France aux XVIIe et XVIIIe siècles.*

Aubin Imprimeur

LIGUGÉ, POITIERS

Achevé d'imprimer en février 1998
N° d'édition 7705 / N° d'impression L 55672
Dépôt légal mars 1998
Imprimé en France

ISBN 2-213-60093-7
35-0293-7